認知能力をはぐくむ

# 仁慈保幼園の環境づくり

社会福祉法人 仁慈保幼園・著

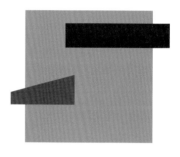

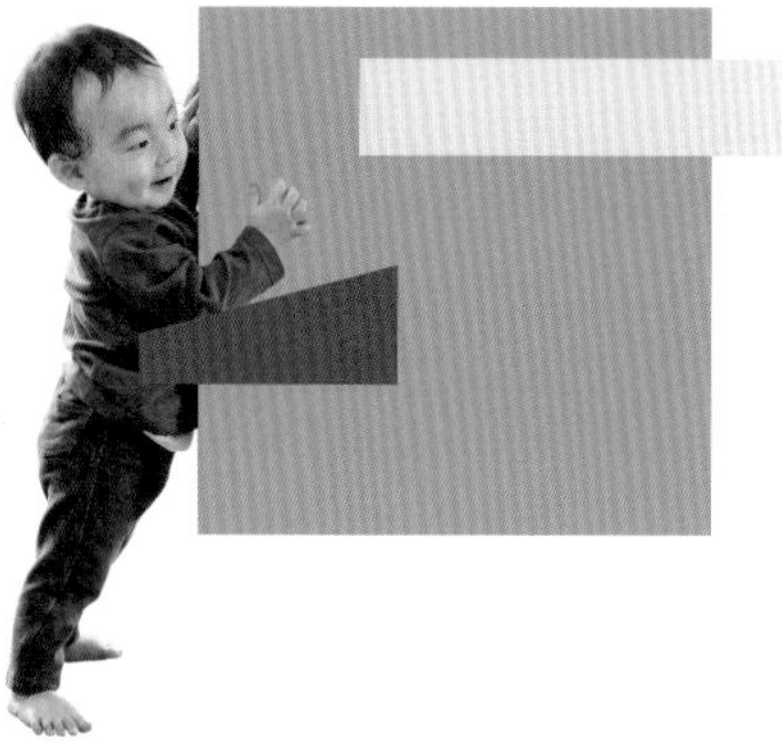

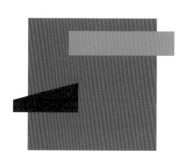

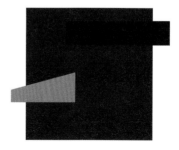

**無藤隆先生×妹尾正教先生の対談動画が見られる！**

## 仁慈保幼園の保育と環境構成

無藤隆先生（白梅学園大学名誉教授）と妹尾正教先生（仁慈保幼園理事長）が、仁慈保幼園の環境・保育・教育について語り合います。下の二次元コードから動画を視聴できます。また、下記URLからもアクセスできます。



https://www.hoikucan.jp/jinji-kankyou/

# 仁慈保幼園の保育

仁慈保幼園では、0・1・2歳児は年齢ごとにクラスを分け、3・4・5歳児は異年齢児を3つのグループ（クラス）に分けています。

そのときの子どもの興味や発達に合わせて、一つのクラスには5〜6のコーナーを設け、一人一人の子どもが自由に自分の興味・関心のあるあそびに集中できるようにしています。コーナーは、それぞれ低い仕切りやじゅうたんなどで場所を区切っていますが、大人の目線からは、保育室が見渡せるよう配慮しています。また、3・4・5歳児の異年齢保育なので、担任は2人体制となっています。

3・4・5歳児グループでは、朝と夕方に「集まり」の時間があります。夕方の「集まり」の時間には、子どもたちがその日、楽しかったこと、発見したこと、疑問に思ったこと、ほかの人の知恵を借りたいことなどを、みんなの前で発表します。それによって、ほかのコーナーで何が起こっているのかを知り、自分が加わっていなかったあそびに興味をもつ子どもも出てきます。また、疑問に思ったことや困っていることを話し合うことで、いろいろな意見が出て、問題が解決することもあります。朝の「集まり」の時間には、前日の「集まり」で、だれかが報告した疑問や困りごとの解決策を、保護者に聞いたり調べてきたりした子どもが報告するなどして、活動が前に進んでいきます。このようにして、子どもたちは試行錯誤をしながら、あそびの中で多くのことを学んでいます。

保育者は、保育ウェブやドキュメンテーションで子どもの姿を可視化し、「次」を予測しながら、常に環境構成を変化させます。また、保育ウェブやドキュメンテーションを、保育室や廊下に掲示することで、保護者にも、今、保育室で何が行われているのかを知ってもらうようにしています。そうすることで、保護者も子どもたちの活動に興味をもち、自主的に参加してくれたり、よいアイディアを提供してくれたりするだけでなく、子ども理解や保育を共有し、子育てのパートナーとなってくれています。

第1章

# 仁慈保幼園の環境構成に対する考え方

一人一人の子どもの個性や思いを大事にしている仁慈保幼園では、環境構成をどのように考えているのでしょうか。

環境構成を深く考えるようになったきっかけも交え、大事にしていることを紹介します。

# 非認知能力を育む 環境構成を考える

長年、「子どもにとって、教育とは何か?」を模索し続けている仁慈保幼園。子どもにとっての学びを考えるうえで、環境構成をとても大切にしています。

妹尾正教
（社会福祉法人 仁慈保幼園理事長）

## 仁慈保幼園の保育改革

仁慈保幼園は、1927年（昭和2年）、祖母・妹尾さわよの手により、鳥取県ではじめての認可保育園として、米子市に設立されました。私が仁慈保幼園に勤務しだしたのは、1989年（平成元年）、25歳のときでした。今考えると、当時としてはのびのびとした園だったと思います。しかし、長い歴史のある園でもあり、管理的で一斉的な側面をもつ保育を行っていました。

教育基本法の第一条には、教育は「平和で民主的な国家及び社会の形成者」を育てるためのものと記されています。私は、管理的で一斉的な保育が、果たして平和的で民主的な国家と社会を作っていく人間を育てることにつながるのだろうかという違和感を抱き続けることになりました。

2000年（平成12年）に園長就任の打診を受けましたが、その違和感を拭いきれず、1年間の猶予をもらってさまざまな国の保育を見て回りました。外国の保育を見て、また、日本の保育を外から見て気づいたのは、教育とは、教え諭すのではなく、一人一人の子どもの思いを尊重し、子ども

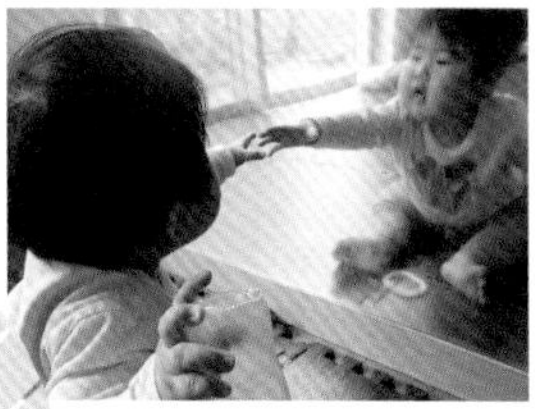

**教育とは、一人一人の子どもの思いを尊重し、子どもたち自身が多様な経験の中で試行錯誤しながら学んでいくこと。**

### 現在の仁慈保幼園

鳥取県米子市にある仁慈保幼園のほか、東京都大田区に多摩川保育園、世田谷区に世田谷仁慈保幼園と世田谷代田仁慈保幼園の4園を運営しており、それぞれ100余人の園児が在籍している。0・1・2歳児は、緩やかな担当制のもと、子どもが安心・安定して過ごせるように配慮している。3・4・5歳児は、異年齢保育。それぞれのクラスに5〜6コーナーを構成し、自分の好きなこと、興味・関心のあることが探究できる工夫をしている。

たち自身が多様な経験の中で試行錯誤しながら学んでいくことだということです。

ちょうど園長になった年に、東京でイタリアのレッジョ・エミリア市の保育を紹介する「子どもたちの100の言葉展」が開催されました。そこでレッジョ・エミリア市の保育にふれたことが、私にとって二つの大きな衝撃をもたらしました。

一つは、環境に対する考え方です。それまでは、保育室に持ち込めるものは、いわゆる質が高く、その年齢に適した玩具や絵本でなくてはならないという固定概念がありましたが、レッジョの保育にはその固定概念がなかったのです。もちろん、安全などは十分に考慮しますが、レッジョでは、子どもたちが興味・関心を示せば、写真がたくさん載っている大人向けの本や、さまざまな素材を自由に取り入れていました。

二つめは、子どもの日常にある小さな気づきを大切にするということです。例えば、自分が動くと自分の影も動くということに子どもが気づいたら、その気づきを大切に、子どもたちの興味・関心を深める保育を行えば、子どもたちの経験や学びの質が高くなるということです。

保育は、園のある地域性や環境が大きく影響するので、レッジョの保育をまねようとは思いませんでしたが、環境構成を大事にする姿勢や、子どもの思いに寄り添う保育者の姿勢には大きな影響を受けました。

それから20年。今も、保育を変えた当初の思いを胸に、質の高い保育実践を目指し、試行錯誤をしながら探究する日々が続いています。

# 「環境」って、なんだろう？

「環境」というと、園の室内や園庭など物的環境を、第一に考えるかもしれません。もちろん、足元から固めていくということは、とても大事です。本書でも、年齢ごとの室内環境や園内・園庭の環境を取り上げています。

しかし、子どもの育ちを考えたとき、さまざまなヒトやモノ、コトにふれる体験も欠かすことができません。例えば、保育者のかけたひと言から、また、散歩に出たときに出あったコトなどに、インスパイアされて心を動かされ、自分で表現しようという衝動が生まれることもあるからです。そういう心を揺さぶられる体験が、子どもの感性や表現力を豊かにします。また、自らやってみたい、調べてみたいという子どもの内面的な欲求が、「学びの芽」となっていきます。

したがって、園内の物的環境だけでなく、保育者や保護者、地域の人々など人的環境はもとより、近隣にあるお店や公園といった社会的環境など、さまざまなヒトやモノ、コトが、子どもにとって、保育の環境なのです。保育者の子どもに対する言葉かけの一つ一つが、お店の人との出あいの数々が、すべて子どもの経験となり、心を豊かにしていきます。

本書でも、物的な環境構成に視点を置きつつ、子どもたちが出あうヒトやモノ、コトを含めた環境づくりの一端を紹介していきたいと思います。

**保育者や保護者、地域の人々など人的環境はもとより、近隣にあるお店や公園といった社会的環境など、さまざまなヒトやモノ、コトが、子どもにとって、保育の環境なのです。**

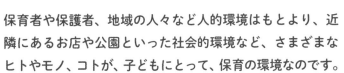

# なぜ、よりよい「環境」が必要なのか？

園における教育は、小学校以上での教育に多い、いすに座って先生から出された問題を解く、先生の言われたことを一生懸命に暗記するといった、教師が子どもをしつける、教え諭すというものではありません。乳幼児期には、子ども自身が「不思議だな」「どうしてなんだろう？」と疑問をもったことを調べ、実験し、ときには失敗をくり返し、自ら見つけ出そうとする経験が、何よりも大切なことと言われています。「なんでだろう？」という疑問と、その疑問をどう解決していこうかと考える過程で、創造する力や知ろうとする力、コミュニケーション力などが育まれていくからです。

学力テストなどで数値化できる知的能力を「認知能力」というのに対して、数値化できないけれど大切な能力を「非認知能力」というのは、ご存知のことかと思います。創造する力や知ろうとする力、コミュニケーション力などは、この非認知能力にあたります。非認知能力は、人の一生の中で、乳幼児期にこそ伸びる能力だと言われています。

また、乳幼児期に非認知能力を培った子どもは、学習成績がよく、より安定した社会生活を送り、幸福度も高いという研究結果もあります。したがって、乳幼児期に多様な経験の場やヒト、モノ、コトに出あい、試行錯誤をくり返し、物事を探究できる環境をとても大事にしたいのです。

子ども自身が「不思議だな」「どうしてなんだろう？」と疑問をもったことを調べ、実験し、ときには失敗をくり返し、自ら見つけ出そうとする経験が、何よりも大切。

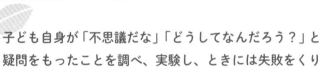

# 環境づくりで大切にしていること

仁慈保幼園では、「学びの芽」や非認知能力を育む環境づくりを考えたとき、大切にしていることがあります。ここでは、それらについて、いくつか記していきたいと思います。

## 子どもの「安心」を保障する

当たり前かもしれませんが、園でのあそびや生活の土台になるのが、子どもが安心感をもって過ごせること。安心して過ごせる場があるからこそ、子どもは徐々に活動範囲を広げていき、いきいきと自分を発揮してあそびや生活をすることができます。

仁慈保幼園では、物的環境だけでなく、人的環境としての保育者の子どもに寄り添う姿勢も大切です。4月当初は保育室や新しく接する保育者に慣れることを大事にし、クラスの子どもたちの様子を見ながら、保育室から園庭に、園外にと、活動の場を広げていっています。

## 子どもの思いを大切にする

仁慈保幼園では、子どもたちの声や思いにいつでも耳を傾け、一人一人が興味・関心をもっていることを把握し、次に興味をもちそうなことを予測して環境を構成しています。

もちろん、子どもの発達過程を熟知していることが前提です。しかし、2歳児でダンゴムシに興味をもった子どもが、「だんごむし」という言葉を書きたいとなったら、

**安心して過ごせる場があるからこそ、子どもは徐々に活動範囲を広げていき、いきいきと自分を発揮してあそびや生活をすることができます。**

その興味に沿ってあいうえお表を掲示して文字を書ける環境を用意するのは、決して悪いことではないと思います。大人でもそうですが、興味をもったことに関しての知識の定着率はとても高いものです。ですから、発達過程だけにとらわれず、一人一人の子どもの興味・関心にいつも心を寄せていくことを大切にしています。

## 豊かな環境を用意する

大人と子どもの違いは、なんでしょうか？それは、経験の差です。大人は、今までの人生の中でさまざまなヒトやモノ、コトに出あって経験値を積み、その経験を踏まえて物事を推測したり、判断したりする力をたくわえています。子どもは、まだ生まれて数年。経験値が圧倒的に少ないのです。だから、子どもたちが自分の好きなことや興味・関心のあることを見つけ、豊かな経験ができるように、さまざまな環境を用意します。いわゆるコーナーも、そのクラスの子どもたちの年齢や発達を鑑みて、絵本のコーナー、製作のコーナーなど、いくつかの場を設けています。製作コーナーに置いてある素材も、折り紙や空き箱などの紙類、布類、自然物など、さまざまな種類を用意し、子どもが「やりたい！」と思ったときには、いつでもやりたいことができるよう、配慮しています。0・1・2歳児の保育室では、みんなで同じ絵本を見たい、同じあそびがしたいというときもあるので、同じ絵本を数冊ずつ用意したり、同じおもちゃをたくさん用意したりします。ブロックあそびなどが好きで大きな製作物が作りたい3・4・5歳児の保育室では、ブロックの数なども潤沢に準備するようにしています。

多種多様なコトやモノにふれることで、経験の幅が広がり、そこから「服を作りたいから、ゴワゴワした段ボールより、柔らかくて体に沿う布を使ったほうがいいよね」などと、自分で考えることができるようになります。これも段ボールで何かを作った経験と、布で何かを作った経験があっての判断です。もし、段ボールでうまく服ができないと困っている子どもがいたら、「もっと柔らかい素材を使ったほうが着やすいものができるんじゃない？　探しに行こうか」とか、「〇〇ちゃんも服を作っているよ。何で作っているか聞いてみたら？」などと、自分で適した素材を見つけられるような声かけも大切にしています。

**多種多様なコトやモノにふれることで、経験の幅が広がります。**

## 常に子どもたちの半歩先を予測する

「子どもたちの思いを大切にする」という話の中で少しふれましたが、私たちは日々、ドキュメンテーションや保育ウェブを使って保育を可視化し、子どもたちのあそびがどう広がっていくかということを考え、話し合っています。例えば、今、花に関心のある子が多いクラスがあるとします。そうしたときに、花の種類に関心があるのか、色に関心があるのか、匂いに関心があるのか……。花に興味があったとしても、花の何に興味があるのか。もし、匂いに興味があるのだとしたら、匂いのする花やスパイスの入った小瓶を置き、自由に匂いをかげる環境を用意してみたりします。子どもたちの興味の半歩先を考え、準備することで、子どもたちは一段深い興味・関心や「もっと知りたい」という探究心、「このスパイスで、何かできないか」などの創造力をもつようになると思います。

もちろん、保育者の予測が外れる場合も多々あります。そんなときは、保育後か、次の朝、子どもたちが登園する前に、より適した環境に変えるときもあります。その活動が、例え保育者が意図したところにたどり着かなくて、子どもたちの興味・関心が違うほうに向いてしまっても、試行錯誤のプロセスを経験することが子どもの育ちにいちばん大切なことだと考えています。保育者がいつでも子どもの声に耳を傾け、次の活動の予測をして、環境を用意していくことで、活動が学びの物語になっていくのではないかと思います。

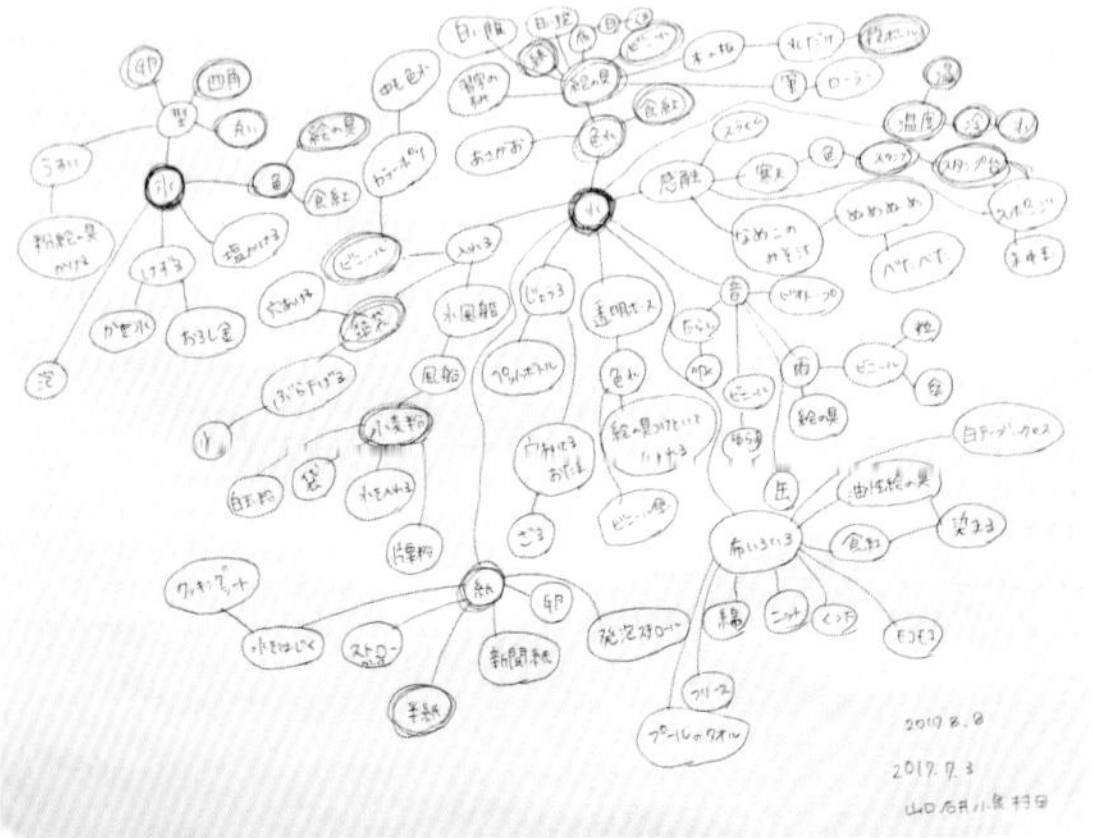

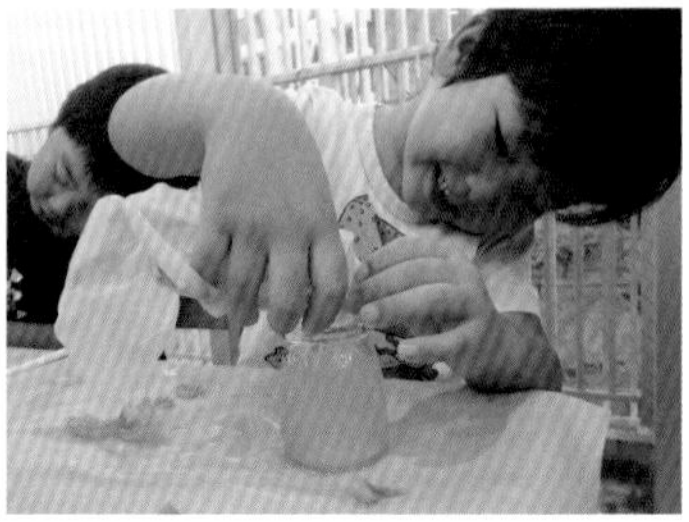

日々、ドキュメンテーションや保育ウェブを使って保育を可視化し、子どもたちのあそびがどう広がっていくかということを考え、話し合っています。

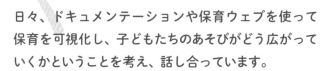

## 「子ども時間」を大切にする

　大人には、1日の計画があるので、それに基づいて行動しようとします。例えば、昼食の時間、帰りの時間など、タイムリミットをいつでも考えています。そこで、子どもに対しても「もうお昼の時間だから、お片付けしようね」などと、午前中のあそびを打ち切りがちです。しかし、子どもの時間の区切りは、満足感や達成感です。自分のイメージしたあそびが「できた！」「やった！」というまでは、区切りがありません。

　もし、天井に届くほどに積み木を高く積み上げたいという子どもがいても、毎回「お昼だから片付けなさい」と言われていたら、子どもは大人の気持ちをくみ取って、そのうち高く積み上げたいという意欲は消えてしまいます。時間内に適当に積み木を積み上げて終わりにするようになっていくのではないでしょうか。あそびにダイナミックさが消えていくのです。これでは、せっかく育ち始めた感性も、やりとげようという気持ちもしぼんでしまいます。

　もちろん、積み木でダイナミックなものを作るには、ある程度の広さでほかの子どもに壊されない場所や、展示の工夫という物的な環境も必要でしょう。

　しかし、「このまま積み木を積んだままにして、お昼が終わったら続きをしよう」とか、「明日また続きができるようにそのままにしておこう」と言える保育者がいることも大切です。家に帰ってからも、あそびの続きが楽しみで、それを目的として、次の日、登園するのを心待ちにするようになるかもしれません。こういった言葉かけを含む、人的環境もとても大切です。

　また、積み木を積み上げる途中には、「天井まで積み上げたかったけど、手が届かないよ」という悩みが出てくるかもしれません。そんなときは、保育者がどうすればよいか一緒に考え、脚立などの環境を用意して見守り、子どもが「終わり！」と思うまで付き合うこともできます。

　そうやって、大人が「子ども時間」を知って、保障してくれる存在だとわかってくると、子どもと大人の間には信頼が生まれます。そこから、安心・安定した状態で、活動できるようにもなるでしょう。

　「大人の時間」は社会で暮らす以上、必要なものだとも思いますが、保育者と子どもの信頼感を通して、だんだんに理解していけばよいことだと感じています。

**大人が「子ども時間」を知って、保障してくれる存在だとわかってくると、子どもと大人の間には信頼が生まれます。**

## 審美性も視野に入れて

乳幼児期の風景は、その人の原風景となります。それならば、園の環境や用意するモノは、実用性だけでなく、美しさも視野に入れたいものです。

子どもの玩具選びに関して、一昔前にヨーロッパの木の玩具が一世を風靡したことがありました。しかし、私が行ったヨーロッパのいくつかの園では、あまり木の玩具を見かけることはありませんでした。子どもたちが興味・関心をもってあそぶ物なら、それほど玩具の素材にこだわる必要はないのかもしれません。大人がかわいいと思う物、子どもらしいと思う物ではなく、もっとフラットな視点で素材を用意し、子ども自身が感じることを大切にしたいと思っています。

廃材といわれる物でも、さまざまな形の木の板や棒、ネジ、瓶、布、自然物などを素材として用意すれば、木の年輪やフォルムの美しさ、材質のおもしろさなどに気づき、製作物が変わってくるのではないでしょうか。また、きれいな物は飾るだけでなく、子どもがふれて、確かめられることも大切。子どもの作品一つを飾るにしても額縁をつけて、飾り方を工夫するなど、ちょっとした配慮で保育室の環境の審美性はだいぶ変わっていくのではないかと思います。

本書は、あくまでも仁慈保幼園の環境づくりについて紹介するものです。地域の環境やそのクラスの子どもたちによって、環境構成は変わってきます。本書が、貴園で環境構成を考える際の一助になれば幸いです。

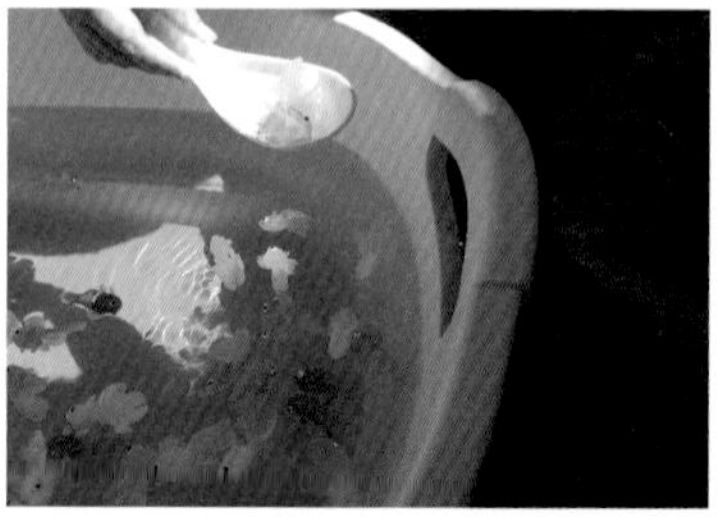

乳幼児期の風景は、その人の原風景となります。

# 第2章

# 物語とともにある環境構成

物的環境は、舞台装置。人的環境は、プロデューサー。舞台の主役は、子どもたち。
それぞれのクラスでは、毎年さまざまな物語が生まれます。
自ら考え、探究していく子どもたちは、
どんな学びの物語を紡ぎ出していくのでしょうか。

多摩川保育園 ほし組の事例より

# 安定して過ごす りっちゃんの姿から

**生後8か月で入園した、りっちゃん(仮名)。体調を崩しやすいこともあり、お休み明けはいつも不安な様子です。保育者同士で話し合いを重ねながら、りっちゃんが安心して過ごせる環境を模索しました。**

## 1対1の時間を大切にしたい

4月の入園から夏ごろまで体調が安定せず、お休みが多かったりっちゃん。久しぶりの登園のときは、ちょっと気持ちが不安定だったり、見慣れない保育者に涙する姿もありました。そんな中でも、おむつ台の上では笑顔を見せることが多く、「なぜだろう?」と担当保育者は考えていました。

仁慈保幼園では、子どもが安定して過ごせるように緩やかな担当制をとっています。それは、保育者との深い愛着関係の形成があってこそ、安心して外の世界への興味も広がっていくと考えているからです。

また、昼の時間などを使って0歳児クラスの保育者同士で子どもの姿を共有し、保育ウェブなどを用いて、多面的に一人一人の子どもをとらえるようにしています。りっちゃんについても、おむつ替えの時間に笑顔を見せるのは1対1のかかわりを求めているのかもしれないと話し合い、忙しい中でも、

4月の保育室

**環境のPoint**

### 緩やかな担当制

クラスの保育者全員で子どもを見ながら、生活やあそびの各場面で深くかかわる担当者を決め、一人一人の子どもと愛着が形成されるようにかかわっている。

はいはいで興味あるものに向かう姿が見られるように。

おむつ替え大好き

おむつ台の上で笑顔を見せるりっちゃん。保育者の声かけに「うっ! あ!」と応答。

１対１の時間を大切にしたいねと共通理解をもちました。

おむつ替えの時間には、「おしっこ出たね」「今日は何をしていたのかな」とゆったり会話を楽しみながらかかわり、あそびの場面でも、大人が離れないように保育者同士で連携しながらかかわるようにして過ごします。はいはいをするようになり、自分であそびを選択できるようになったころから、徐々に環境にも慣れ、落ち着いて過ごすりっちゃんの姿が見られるようになってきました。

## 「好きなこと」「家庭とのつながり」を環境に

絵本が大好きなりっちゃん。最初はページをめくることを楽しんでいましたが、保育者が一緒に絵本を読むことを続ける中で、徐々に絵をじっと見つめたり、絵本に出てくる動きを模倣する姿が見られるようになってきました。また、家庭でよく読んでいる絵本があると保護者から聞き、その本を準備。登園時、涙していたときも、その絵本を読むと涙が止まり、安心する様子が見られました。その様子から家庭でのあそびを園につなげることも大事だねと保育者同士で話し合いました。

保護者には毎日、登園時に前日の降園後から今朝までの様子を聞き取り、保育者間で共有。降園時には昼間の様子をメモして話し、密な関係を築いています。また、１か月に１回、ポートフォリオを作成し、子どもの姿を伝えています。保護者との密な連携も、子どもの安定につながる大事な要素だと思います。

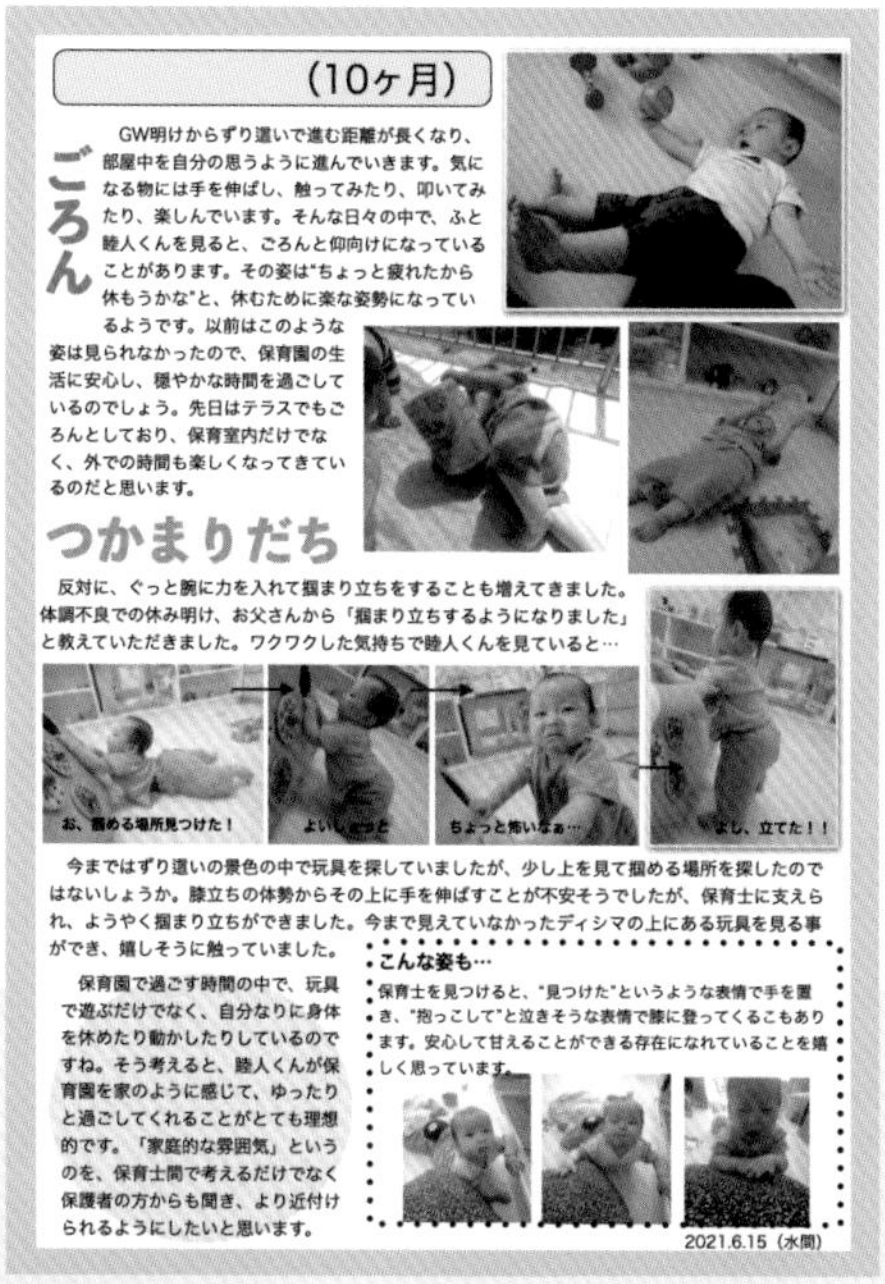

（10ヶ月）

**ごろん**

GW明けからずり這いで進む距離が長くなり、部屋中を自分の思うように進んでいきます。気になる物には手を伸ばし、触ってみたり、叩いてみたり、楽しんでいます。そんな日々の中で、ふと睦人くんを見ると、ごろんと仰向けになっていることがあります。その姿は"ちょっと疲れたから休もうかな"と、休むために楽な姿勢になっているようです。以前はこのような姿は見られなかったので、保育園の生活に安心し、穏やかな時間を過ごしているのでしょう。先日はテラスでもごろんとしており、保育室内だけでなく、外での時間も楽しくなってきているのだと思います。

**つかまりだち**

反対に、ぐっと腕に力を入れて掴まり立ちをすることも増えてきました。体調不良での休み明け、お父さんから「掴まり立ちするようになりました」と教えていただきました。ワクワクした気持ちで睦人くんを見ていると…

お、掴める場所見つけた！
ちょっと怖いなぁ…
よし、立てた！！

今まではずり這いの景色の中で玩具を探していましたが、少し上を見て掴める場所を探したのではないしょうか。膝立ちの体勢からその上に手を伸ばすことが不安そうでしたが、保育士に支えられ、ようやく掴まり立ちができました。今まで見えていなかったディシマの上にある玩具を見る事ができ、嬉しそうに触っていました。

保育園で過ごす時間の中で、玩具で遊ぶだけでなく、自分なりに身体を休めたり動かしたりしているのですね。そう考えると、睦人くんが保育園を家のように感じて、ゆったりと過ごしてくれることがとても理想的です。「家庭的な雰囲気」というのを、保育士間で考えるだけでなく保護者の方からも聞き、より近付けられるようにしたいと思います。

**こんな姿も…**

保育士を見つけると、"見つけた"というような表情で手を置き、"抱っこして"と泣きそうな表情で膝に登ってくるこもあります。安心して甘えることができる存在になれていることを嬉しく思っています。

2021.6.15（水間）

環境のPoint

### ポートフォリオ

月に1回、担当保育者が書くポートフォリオ。
保護者の保育への理解も深まる。

絵本大好き！

「びょーん！」。絵本を持って立ち上がり、言葉を体で表現するりっちゃん。

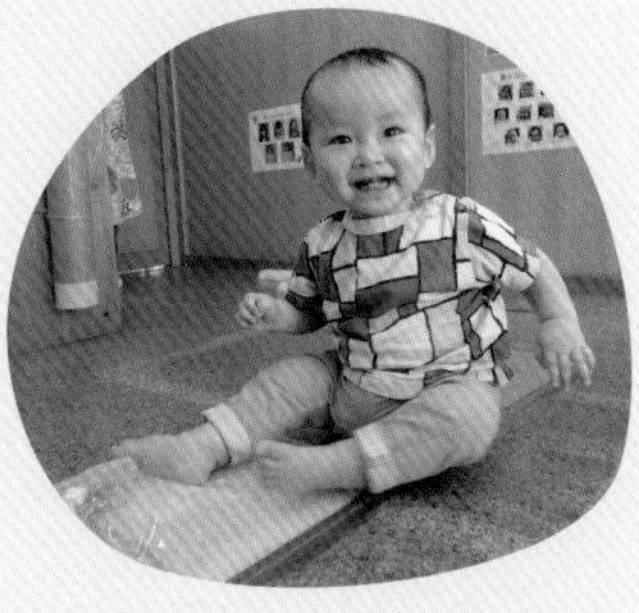

センサリーバッグの上でご機嫌。

環境のPoint

### 絵本コーナー

ゆったり過ごせるスペース。絵本は自分で取り出しやすい配置に。

## 保育者の語り合いが環境づくりの鍵に

りっちゃんだけでなく、すべての子どもたちが安心して過ごせるように、保育者同士で話し合い、このクラスでは「生活の保育ウェブ」（保育ウェブについては80ページ参照）を作成していました。生活の中で見られる子どもの姿を真ん中に置き、「安心して眠れるにはどうすればいい」「排せつを泣いて知らせてくれる子にはどうかかわる」などと話し合いながら、考えられる環境や保育者のかかわりを書き込んでいきます。

一人で考えるのではなく、子どもの姿を中心に置き、複数の目で環境やかかわりを見直すことで、気が付くことや新たな発見も多かったそうです。保育のこと、子どものことを語り合う時間は、保育者にとっても学び深く、楽しい時間だったと言います。

また、0歳児クラスは、子どもたちの成長が速いので、2・3か月に1回くらいは環境の見直しを行いました。「ずりばいの子が多いから床にもあそびの要素を」「歩ける子が増えてきたから空間を作って」などと保育者同士で語り合って環境をつくっていきます。環境を変えるごとに振り返りも行い、子どもの姿に寄り添って、フレキシブルに環境を変化させています。

環境のPoint

**子どもの育ちに合わせて**

絵本好きな子が多いので部屋の中央に絵本コーナーを配置（写真左）。歩きたい子のためのスペースも作った。

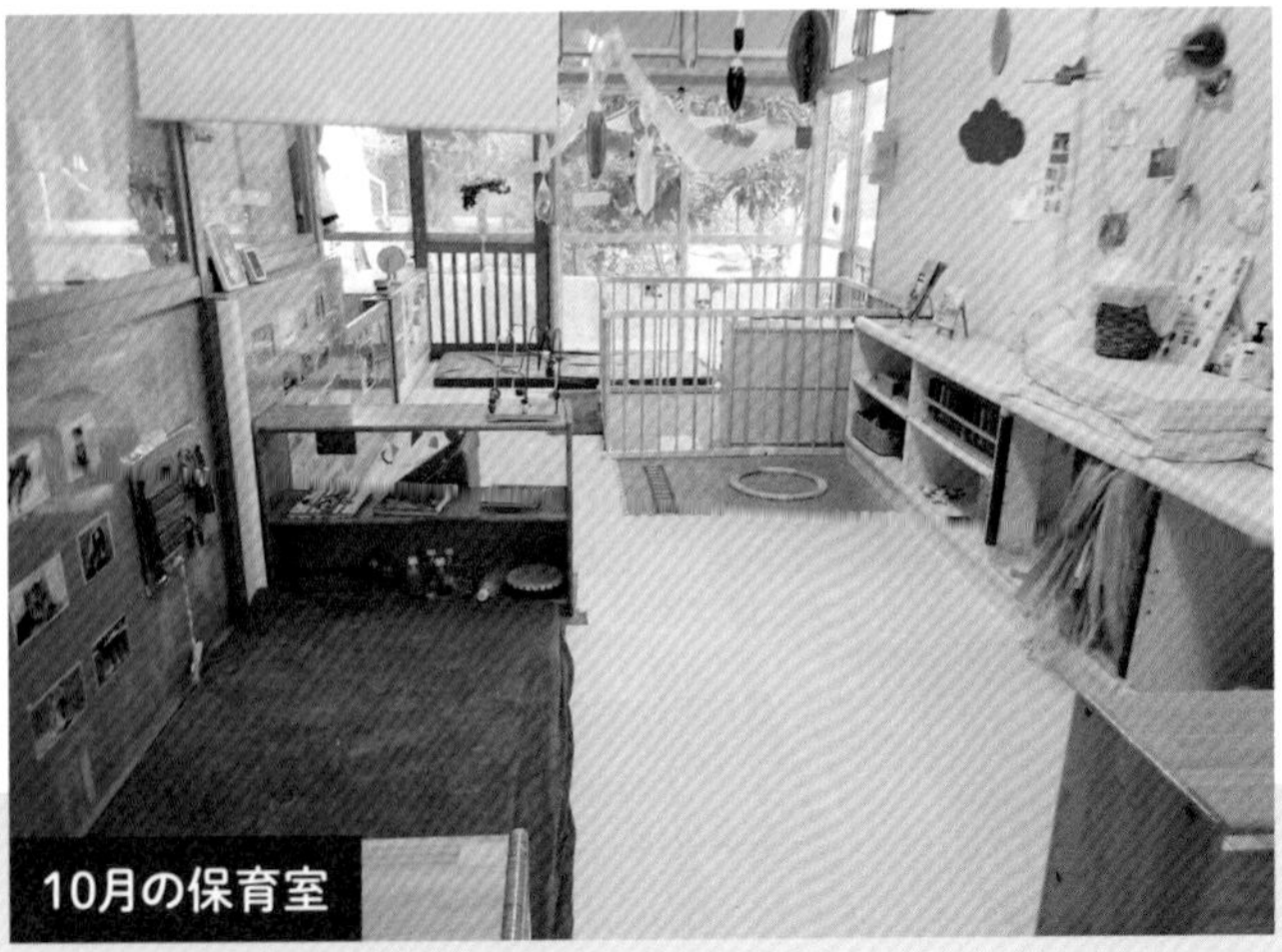

10月の保育室

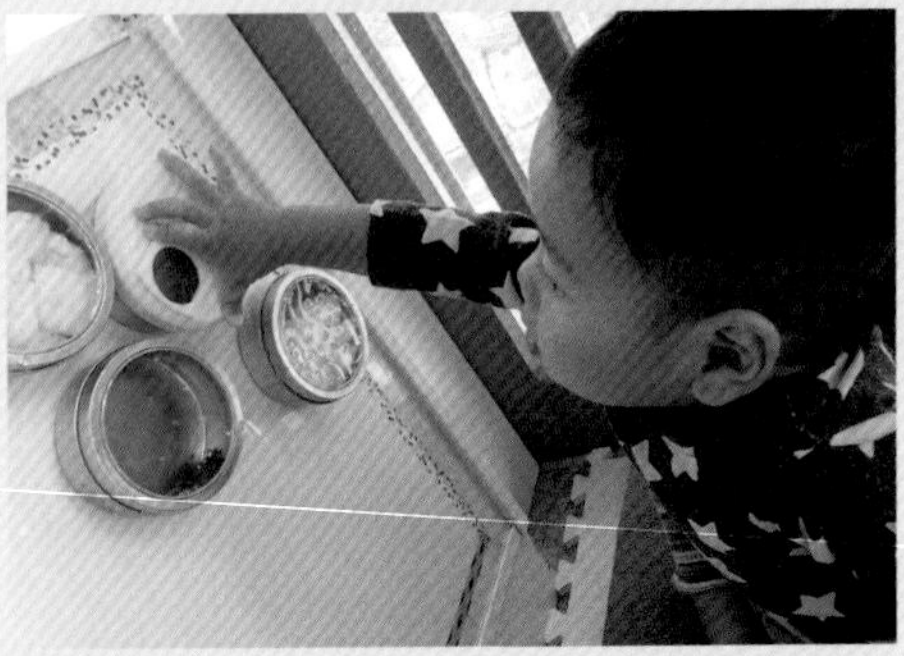

窓際には匂いを楽しむコーナーも。

### 10月の環境図

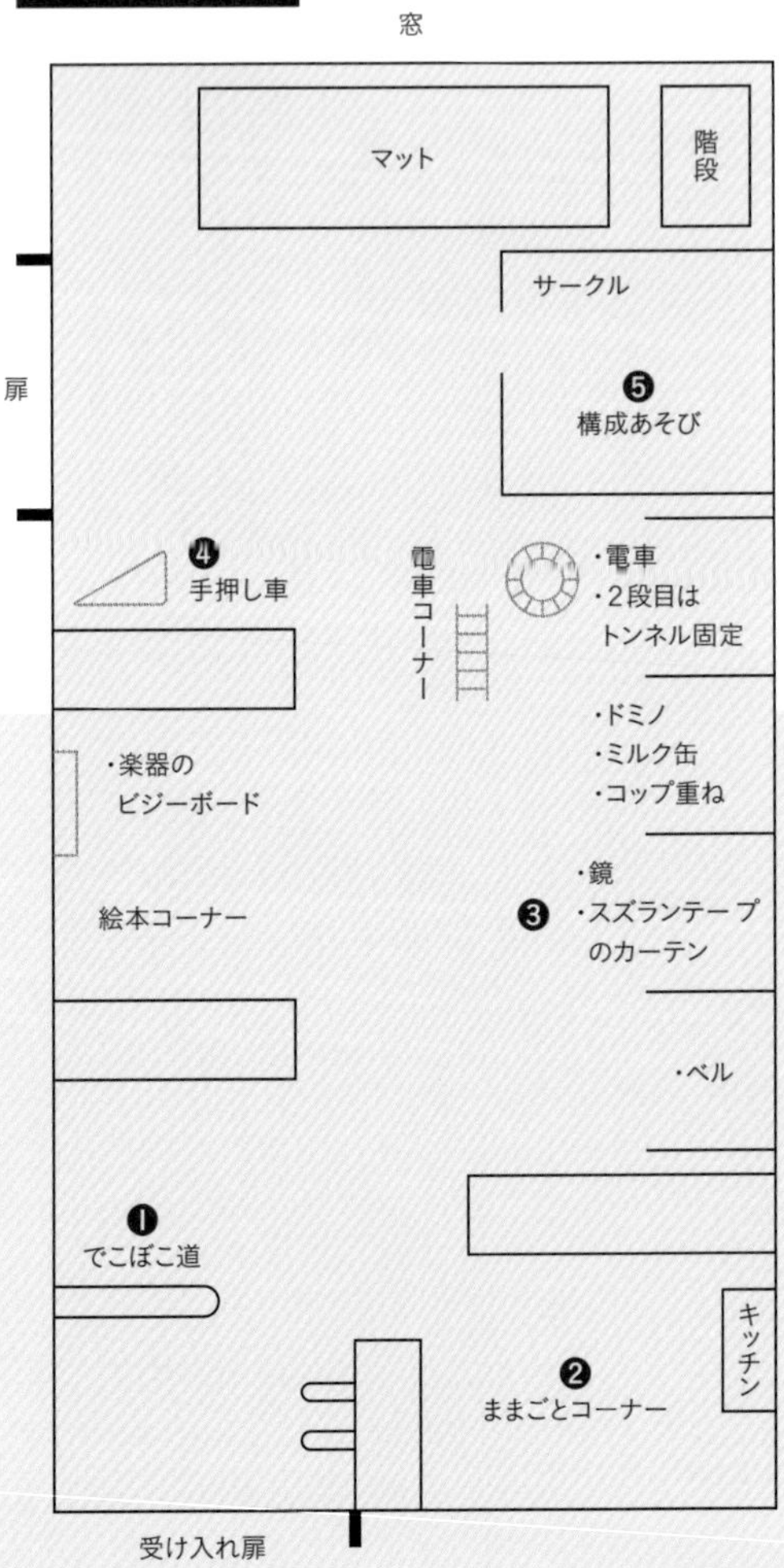

### ❶ でこぼこ道

歩くことを楽しむ子のために、プールの浮き棒を半分に切ってでこぼこ道を作った。

### ❷ ままごとコーナー

子どもの育ちに合わせ9月から作ったままごとコーナー。端に配置して集中してあそべるよう配慮。

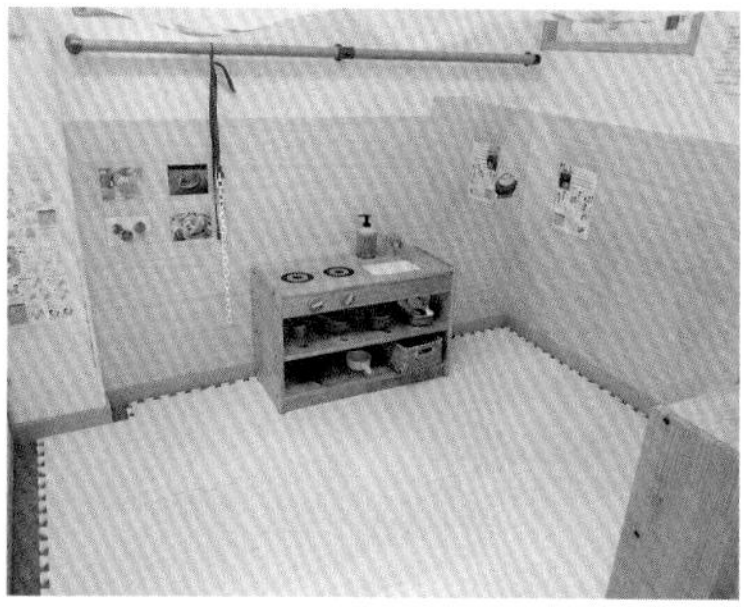

### ❸ 感触・音・入れるスペース

子どもたちが棚に入りたがる姿があり、スペースを2つ用意。

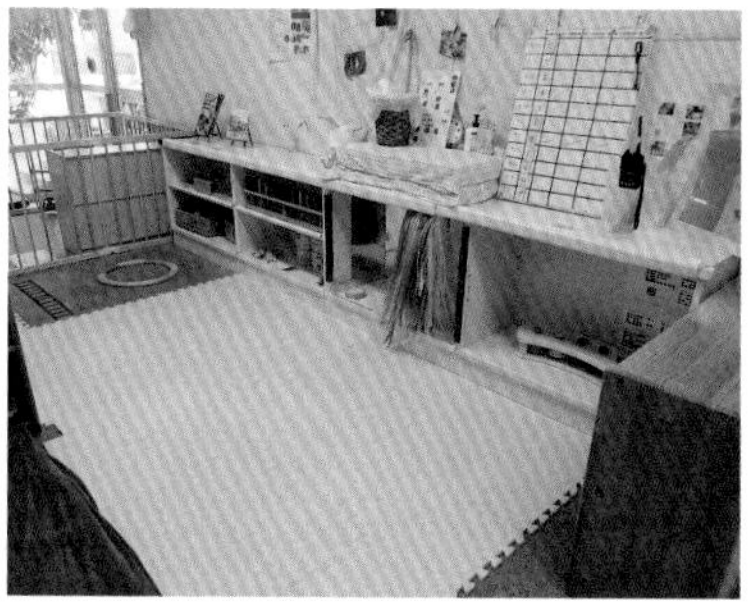

### ❹ 手押し車と乗り物写真

乗り物写真をはって、子どものイメージが広がるように工夫。

車に乗って出発！

### ❺ 構成あそび

ほかの子に邪魔されず集中してあそべるようサークルを設置。

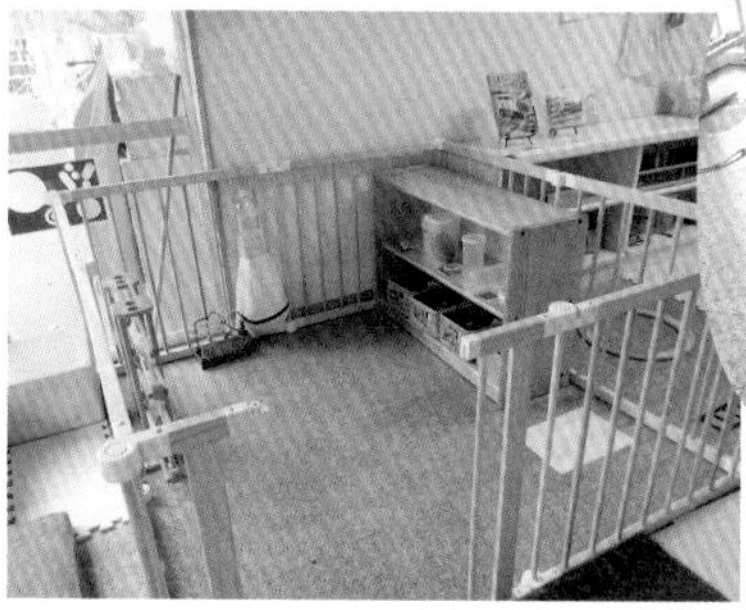

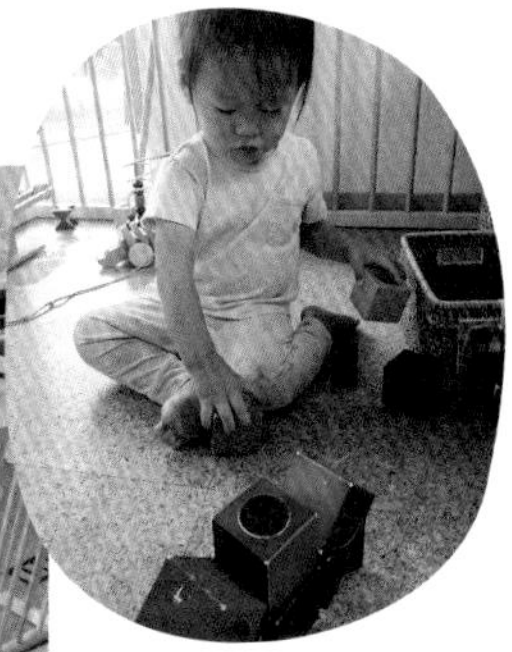

サークルの中で安心してあそびに集中。

## 安心・安定を第一に　妹尾正教

0歳児に限らず、外界のことに興味をもち、経験を積み重ねていってほしいというのが大人の願いです。しかし、どんなにすばらしい環境を用意しても、心が安定していないと気持ちが外には向きません。

この事例では、保護者にりっちゃんの好きな絵本を聞いたことで、より安心・安定を得られる環境を作ることができました。このように、園と家庭での出来事を伝え合い、連携を取ることがとても大切です。

また、緩やかな担当制を敷くこともポイントです。保育者一人ではなかなか難しいのですが、複数担任であることで、その子の興味・関心を複眼的・多面的に見て、探っていきます。緩やかな担当制の中、保育者同士で対話しながらかかわりを模索することで、客観的に見ることも可能になります。

そして、変化していく子どもの姿に合わせて環境を少しずつ変えていき、子どもの気持ちがより外界に向き、自ら物事を探究していけるよう努めています。

多摩川保育園

ほし組の事例より

# 子どもの見ている世界を知る

**まだ言葉の出ない0歳児ですが、子どもとモノとが対話する姿から、保育者同士で語り合い、環境構成や子どもたちへのかかわりを考えています。**

## 子どもとモノとの対話

5月半ば、入園して1か月以上経った子どもたちは、少しずつ環境にも慣れ、園が安心できる場所になってきました。それとともに、興味・関心が周りのモノやヒトにも向き始めました。

例えば、毎日ラグや床など、さまざまなところを爪でガリガリと引っかいたり、指でトントンたたいて音を感じたりする子。カーテンが風でふわっと揺れる様子を見て「あー」と声を出し、うれしそうに教えてくれる子……。

保育者は、モノと対話する子どもたちの様子を見て、大人にとっては何気ない日常の当たり前な景色でも、子どもたちにとってはすごく新鮮で不思議な世界なんだなと感じました。

## 担任同士の対話から見えてくるもの

0歳児クラスのほし組には、11名の子どもたちと保育者がフリーも含めて5名在籍しています。今しかない子どもたちの豊かな感性や学びの世界を、もっと深めたいと考え、担任同士で話し合いをしました。

0歳児なので、動きを観察したり表情を読み取ったりしながら気持ちに寄り添い、子どもたちに必要な環境やかかわりを考えていくことにしました。

まずは、子どもが興味をもっていることを挙げ、どんな姿があるのか分類をしていきました。そうすると、音だったり、感触だったり、「五感」というキーワードが自然に見えてきました。

そこで今度は、子どもたちに五感を使った豊かな経験をしてほしいと願い、保育ウェブ（保育ウェブについては80ページ参照）を作成してみました。興味をもっている「感触」というトピックを真ん中において、そこからその興味がどのように広がるかを予測し、記入していきます。

## さまざまな素材にふれる経験

保育ウェブでさまざまな予測が立ったら、それを環境の中に落とし込んで

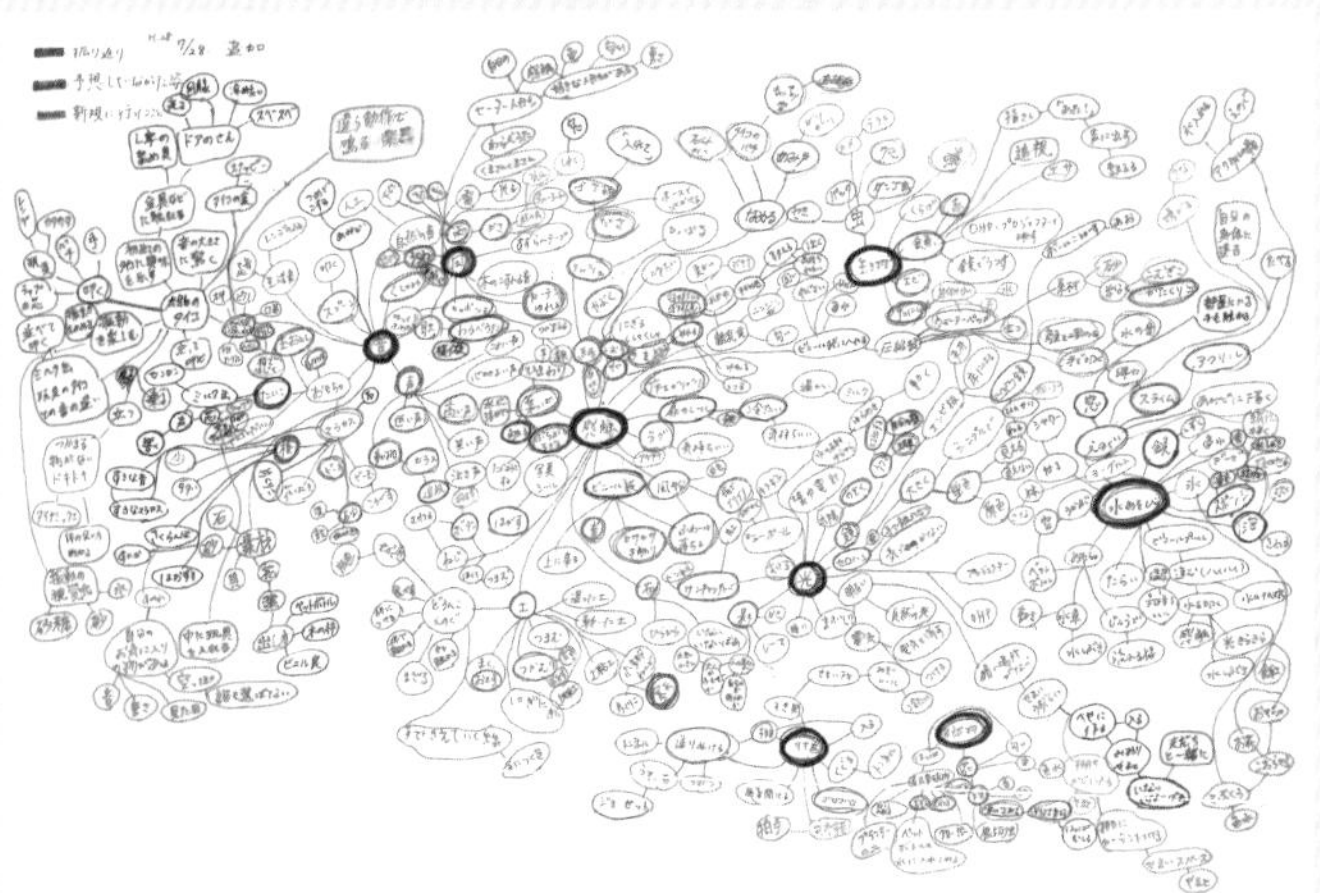

保育を可視化し、保育者同士の対話を促すツールとして、保育ウェブを使用している。

### 担任同士の話し合いで見えた子どもの興味・関心

- **音**　扉の開閉音・生活音・くしゃみ・歌・声（高い、低い）カラスの声・スプーンで机をたたく・網戸ガリガリ・雨
- **感触**　洋服のボタン・棚のねじ・ドアのレール・ほくろ・もこもこのラグ・床を爪で引っかく・床を指でトントンたたく・ポリ袋・風船をかむ・テラスの土や葉っぱ
- **風**　カーテンが風でふわっと揺れる様子
- **温度**　おしぼり・ミルク・ドアのレール（ひんやり冷たい）・水
- **鏡**　映った玩具を取ろうとする・スプーンに映った自分の姿
- **行為**　めくる・つまむ・開く・玩具の写真をはがす
- **棚**　通り抜けたい・入りたい・隙間（狭い場所）が好き

など

いきます。当時は、はいはいの子が多かったので、子どもの目線の高さの壁や床に、エアパッキンやセロファンなど、さまざまな感触を味わえる素材をはってみました。

触り方にもその子らしさや個性が感じられます。人差し指でそっと触って感触を確かめる子、たたいてみる子……。一人一人のモノに対する向き合い方の違いが感じられます。

初夏には、中に水とアジサイの花を入れたポリ袋を用意しました。大人がきれいだと思うアジサイの花は、子どもたちもきれいだと感じるのではないかと思ったからです。アジサイを捕まえようとしますが、触ろうとすると逃げてしまうのを不思議そうに見る子、冷たい水の感触を感じて気持ちよさそうにする子、たたいて水がチャプチャプいうのを楽しむ子など、さまざまな子どもの姿を見ることができました。

そこで、もっと全身で水の感触を楽しめたらと思い、布団の圧縮袋に水を入れ、中にスポンジや水風船を入れてみました。袋を押すとスポンジから気泡が出るので、その気泡を捕まえようと夢中になる子もいました。

## 雨の日に経験した音と色の世界

梅雨になり、雨の日が多くなってきました。「雨」とはっきり理解していなくても、晴れの日とはなんだか様子が違うと感じているように見える子どもたち。そこで、五感のうちの音を意識した活動もしてみることにしました。

雨の日、窓を開けて網戸にすると、子どもたちには「なんだろう?」と外を気にかける様子がありました。しかし、室内にいると雨音が聞こえにくいため、一人の保育者が透明のビニールがさをテラスに置いてみました。かさに雨が当たり、ポツポツという音が前よりよく聞こえ、子どもたちも耳を澄ませていました。

保育ウェブを使い、そのことを担任同士で共有してみると、バケツやたらいを置くともっと雨音が強調されるのではという意見が出ました。そこで、次に雨が降った日に、テラスに缶やバケツなどを置いてみました。すると、「あー」と声を挙げたり、指でさし示したりする子どもたち。ビニールがさをずっと見ている子どももいます。「何が気になるんだろう」と、その子を観察していると、かさについた水滴の動きを目で追っているのです。このかさに絵の具を塗れば、もっとよく水滴の動きが見えるのではないかと思い、やってみることにしました。

かさに塗った色は、赤、青、黄色の3色。しばらくすると、水滴が当たって絵の具がたれ、色が混じり合ってきました。それをじっと見ている子もいれば、指で触ってみる子もいます。それぞれの子どもの感性に、何か響くものがあったのではないかと感じられました。

かさに絵の具を塗って……

絵の具の流れる様子をじっと見つめる子。

環境のPoint

### 布団の圧縮袋に水を入れて

全身でひんやりした感触や色彩を味わえるように、ウォーターベッドを作った。

あれ？ 花が逃げちゃう

アジサイの花と水を入れたポリ袋であそぶ。

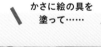

## ホンモノの素材も味わって

水とさまざまな素材を入れたポリ袋の感触を楽しんできた子どもたちですが、今までは素材を出すときに安全面に配慮し、直接素材にふれられないようにしていました。しかし、雨の日の子どもたちの様子を見ているうちに、花の感触や匂いなども、実際にふれてみないと伝わらないなと感じてきました。

そこで、担任同士でどのように素材を出していくか、安全に配慮していくかということを話し合い、室内やテラスであそぶときに、今までふれたことのない自然物などの素材を提供していくことを決めました。

いつも見ているヒマワリの葉っぱは、裏側にもさもさした細かな毛がたくさん生えていて、一人の男の子はその感触にずっと興味をもっていましたが、最後には自分で葉っぱを使って「いないいないばあ」をして楽しむ姿が見られました。遠くから見ているだけでは味わえない、新たなおもしろさに気づいたようです。

## 予測が外れても子ども理解につながることも

保育ウェブで保育を可視化し、担任間で話し合い、予測して環境構成をするということを基本にしていますが、いつも予測がうまく的中するとは限りません。

しおりちゃん（仮名）は、1歳2か月の女の子。ある日、おやつに食べていたヨーグルトが机の上にこぼれてしまいました。ヨーグルトを触るしおりちゃん。そっと、手を動かすとヨーグルトが伸びて線になることに気づき、しばらくヨーグルトを楽しそうに机に塗りたくっていました。この彼女の発見をあそびの中でも保障し、満たすことはできないかと担任同士で話し合ったところ、絵の具あそびにつなげるのはどうかという意見が挙がりました。そこで、なんでも口に入れたい時期でもあるので、口に入れても安全な絵の具を探して環境に出すことに。

子どもたちは、はじめは不思議そうにしていましたが、日に日に絵の具を塗りたくることをおもしろがり、絵の具と仲良くなっていきました。しかし、いちばん喜ぶかなと思っていたしおりちゃんは、ほかの子どもが絵の具であそんでいる姿を見るのは平気なのですが、実際にふれられるようにしてみると、とても嫌そうな顔をします。

担任同士でこのしおりちゃんの姿を「どうしてなんだろう」と話し合ってみることに。しおりちゃんは当時とても活発な子でしたが、4月当初は保育者のひざから離れませんでした。そういった姿から、実はとても繊細で慎重なタイプなのではないかという話になり、しおりちゃんをより理解することにつながりました。

テラスでの活動

ダイナミックな絵の具あそびに夢中になる子も。

環境のPoint

**ふだんの姿から環境を予測**

ヨーグルトを机に塗るのを楽しむ姿から、あそびの中に取り入れようとしたのだが……。

保育者の予想に反して、絵の具はちょっと嫌。

いないいないばあ

大きなヒマワリの葉がお気に入り。

## 音に対して敏感なゆうちゃん（仮名）から見えてきたこと

11か月のゆうちゃんは、入園した4月の時点で9か月だった男の子です。

太鼓を指でたたいて音をおもしろがるゆうちゃんの姿を見て、ばちを渡してみました。ゆうちゃんは、ばちで太鼓をたたくと、指のときとは違った音が出ることに驚いている様子でした。ほかの子は、ばちをなめたり、振り回したりしていますが、ゆうちゃんは太鼓をたたくことに夢中です。

また、ミルク缶を床に転がしているうちに偶然ほかの物とぶつかって音が出たときは、保育者のほうをうれしそうに振り返ります。そんな音に対して敏感に反応するゆうちゃんの姿から、ホンモノのギターなどの楽器を出してみました。

担任の間でそんな様子を共有していたとき、一人の保育者からゆうちゃんが材質のひんやりとした感触や、すべすべした感触も楽しんでいるように見えるという意見が出てきました。対話をしながらそれぞれの保育者の視点を交わらせることで、保育者もそれぞれ違う角度で子どもを見ているのだなと、改めて感じたエピソードです。

子どもを見るときに、こうだと決めつけず、多面的に見ることの必要性や、振り返りと修正の視点をもつことの大切さを感じます。いろいろな意見を聞き、多様な可能性を探っていくことが、子ども理解につながっていくのではないでしょうか。

環境のPoint

**ギターの弦の触り心地**

固定概念に縛られず、環境にギターを出してみた。

いい音がする！

太鼓をたたいてご満悦。

太鼓とは違う音がすることに、興味をもつ。

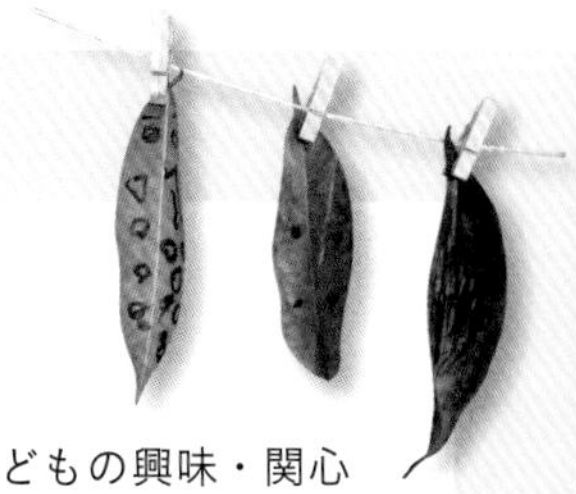

## 子どもの姿をよく見る　妹尾正教

まだ言葉の出ない子どもの多い0歳児クラスでは、特に子どもの姿をよく見ることが大切です。環境は、基本的に発達に沿ったものを用意します。しかし、ポートフォリオなどの記録や、その記録を可視化した保育ウェブを用いることで、子どもの興味・関心が浮かび上がってきます。いわば声なき声ですが、それを見過ごさないようにして、保育者間で対話し、共有しながら保育をデザインしていくことが大事です。

保育者の意図とは違った反応が返ってくることがあれば、もう一度振り返りをして、子どもの興味・関心をとらえ直す……。予測と違った反応があれば、子どもとキャッチボールをするように、環境を修正していくのです。子どもたちがより興味をもって探究したいと思えるものを、はじめて経験する子どもの立場になって、考えていきましょう。五感を刺激するさまざまな体験と、それによって心が揺さぶられる経験を通して、子どもの心は豊かになっていきます。既成概念に縛られることなく、素材を吟味していきましょう。

多摩川保育園 もり組の事例より

# あそび込める環境づくりと保育者の試行錯誤

**子どもの発達や、興味・関心に沿った環境づくりが大切です。1歳児クラスの2人の子どもの記録を中心に、環境づくりにおける担任の試行錯誤をご紹介します。**

## 1歳児クラスの環境構成

仁慈保幼園では、毎日、同じ生活の流れの中で過ごす「日課」を大切にすることで、子どもが見通しをもち、落ち着いて生活できることを大事にしています。

室内は、目で見てわかりやすく、子どもが自分であそびを選び、あそび込めるように環境構成を考えます。個々の発達に合わせて、色や数量、形がわかりやすく、また、視覚や触覚、嗅覚などの五感を使ってあそべるような玩具や素材を、意識して置いています。

このときの1歳児クラスは、男子6名、女子13名が在籍しており、クラス担任は5名です。生活での体験をあそびにつなげたいと、買い物、お医者さん、花屋さんなどのごっこあそびができるコーナーを中心に配置。まだ言葉でのやり取りが少ない子どもたちが、保育者を仲立ちとしてかかわれるように、子ども同士をつなげていくように配慮しています。

環境のPoint

### 1歳児クラスの環境図

買い物ごっこの雰囲気を演出しつつ、触って感触を楽しむ壁面。

空の写真を掲示して、自然事象への関心ももてるように。

## ●ゆうちゃん（仮名）の事例
## 模倣から見立てあそびをするまでの保育者のかかわり

4月当初、1歳7か月だったゆうちゃんは、一語文で自分の思いを伝えようとしますが、ほかの子どもとのやり取りは難しく、ほかの子にあまり関心もないようでした。

6月のある日、お医者さんごっこのコーナーで、ほかの子がおもちゃの聴診器であそんでいるのを見て、ゆうちゃんはおなかを出して近寄りました。その日以降、聴診器を自分のおなかに当てたり、目薬をさすまねをしたりと、おもちゃを使って自分からあそぶ姿がありました。保育者は、ゆうちゃんのほかの子に対する興味や観察する力の育ちを感じ、ゆうちゃんのイメージをさらに広げたいと思い、コーナーごとにクラスの子がおもちゃであそんでいる写真を掲示しました。すると、ゆうちゃんは「〇〇ちゃん！」と友達を見つけて喜んでいます。保育者は、一緒に友達のあそびをまねすることを意識して、ゆうちゃんとかかわりました。

11月。輪っかになった磁石のおもちゃを「めがね」と言って、目に当てている子を見て、ゆうちゃんも同じ種類のおもちゃを持ってきて目に当てます。また、保育者が磁石をくっつけてつなげて見せると、ままごとコーナーに持って行き、包丁で切ってみようとします。バッグや電話など、具体的な物を使ってのあそびから、素材を別の物に見立ててあそぶようになった姿を見て、保育者はゆうちゃんの想像力が豊かになってきていると感じました。

見立てあそびの時期のゆうちゃんの事例は、子ども一人一人が感じたままに表現できる空間を保障する工夫が大切だと改めて感じさせられました。

赤ちゃんをだっこしての買い物ごっこも。

環境のPoint

**壁には、あそびの様子を写真で掲示。**

ままごとコーナーには、クラスの子があそぶ様子や食べ物の写真を掲示。

診てあげる

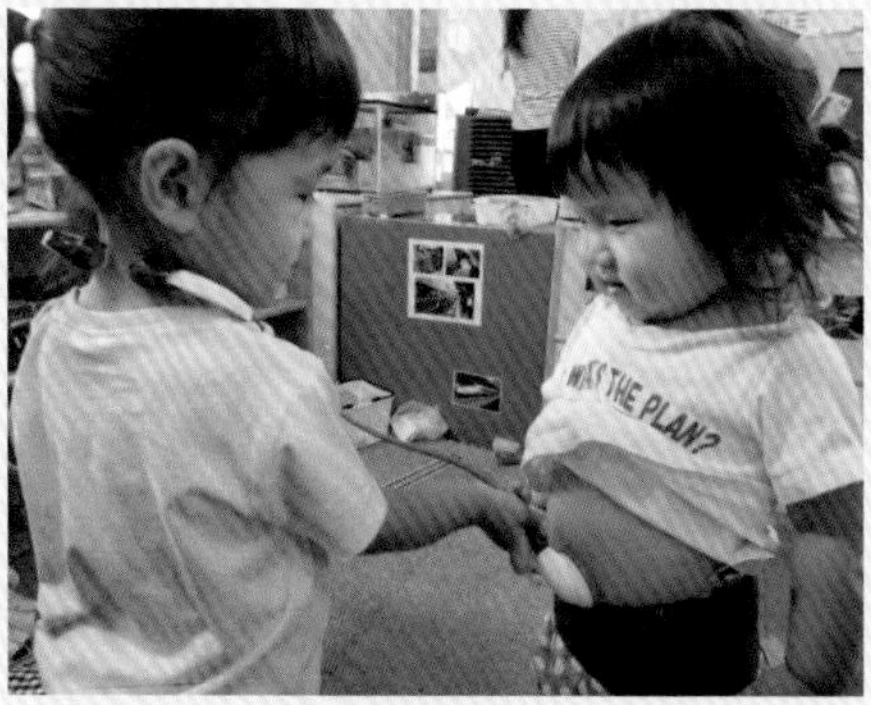


お医者さんごっこに参加するようになった。

磁石のおもちゃをめがねに見立てる姿も見られた。

**●しいちゃん（仮名）の事例**

## 子どもに即した素材やおもちゃを提供することの難しさ

クラスでいちばん月齢の高い、しいちゃんは、4月の時点で2歳0か月。発想が豊かで、具体的なイメージをもちながらあそべます。語彙も豊富で、友達を誘ってあそびの中心となることもしばしばです。

5月に保育者と一緒に花を買いに出かけてから、買い物ごっこを楽しむようになりました。「◇◇ちゃんはこれね」と、ほかの子にもバッグや帽子を渡して、ごっこあそびが始まります。しいちゃんが保育者に、「スーパーでイチゴを買うの。お金をちょうだい」と言うので、近くにあったブロックを渡しました。

そんなしいちゃんの姿があったので、担任間で話し合って、おもちゃのお金を用意してみました。しいちゃんは、「お金だ！」と喜んで手に取りましたが、そのときだけで、あそびの中でおもちゃのお金を使う姿は見られませんでした。保育者は、しいちゃんが買い物でお店の人にお金を渡すシーンを体験していたため、具体的なお金をイメージしているのかもしれないと考えたのですが、どうやら身近な大人のフリをすることや、生活の中で見たことをごっこあそびの中で表現するのがおもしろかったようです。具体的なおもちゃを提示することで、返ってしいちゃんの想像力や表現力を狭めてしまったのかもしれないと思った出来事でした。

また、10月のある日には、次のようなことがありました。しいちゃんは「お仕事に行く」と、ごっこあそびを始めました。ほかの子を相手に「雨が降っているから、カッパを着ようね」など、状況を想定し、ままごとコーナーにあるエプロンをカッパに見立てて身につけました。

また、ままごとで、しいちゃんは「ご飯を作ってあげる」とほかの子を誘い、ボウルに布をかぶせてじっと見つめていました。保育者が「何をしているの？」と聞くと、「お肉、チンしているの」。しばらくすると、ボウルにかけてあった布を取り、「熱いから触らないでね」と友達や保育者に伝えていました。ほかの子どもたちもしいちゃんのしている動作を見て、まねをする様子が見られました。しかし、このときは、ほかの子どもたちが「布をラップに見立てる」「電子レンジでチンする」というイメージや体験をあまり理解していなかったので、あそびが広がりませんでした。

しいちゃんのように自分なりに自由な表現ができる場合、ほかの子も「エプロンをカッパに見立てる」ということは共通理解できていても、ままごとの場面では、保育者がもう少し具体的なおもちゃを提示できたほうが、友達とかかわってあそびたいしいちゃんの思いをかなえられたかもしれません。

＼ 何してるの？ ／

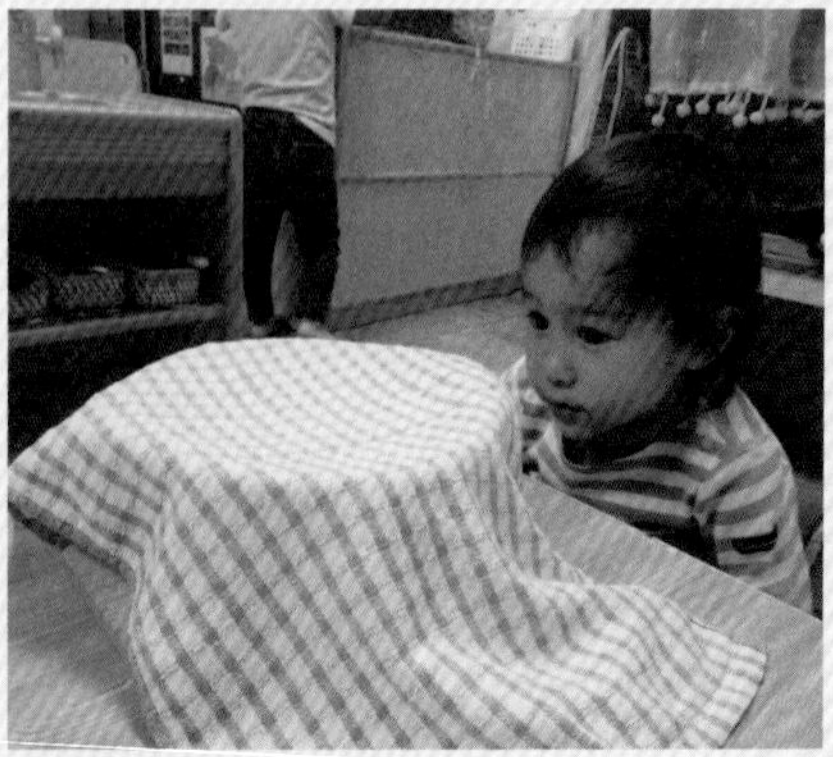

お肉をチンしているところ。

＼ おもちゃのお金は…… ／

友達と場面をイメージして、買い物ごっこを楽しむ。

## 2人の事例から、見えてきたこと

1歳児クラスは、見立てあそびなどの段階から、イメージを膨らませてごっこあそびを楽しむ子どもまで、月齢や個人差の大きいクラスです。当初、担任は具体的なおもちゃがあるほうが、あそびは広がりやすいと考えていました。しかし、おもちゃそのものには興味を示しても、友達とのやり取りにはつながらず、またイメージする力やあそびの展開を狭めてしまう可能性も見えてきました。安易に直接的な素材を用意するのではなく、見立てられる物とそうでない物を把握しながら、さまざまな素材を吟味していくことが大切だと感じました。

　また、保育ウェブやポートフォリオを活用し、刻々と成長していく子どもの興味・関心を可視化すること、担任間で対話を重ねて子どもの姿を丁寧に拾うことがとても大事なことだと思いました。大人の予測とは違う興味や活動に広がっていくこともありますが、そのような予測外の姿も柔軟に、多面的に、そして肯定的に捉えていく視点の大切さに改めて気づかされました。

環境のPoint　**ほかにもさまざまなあそび**

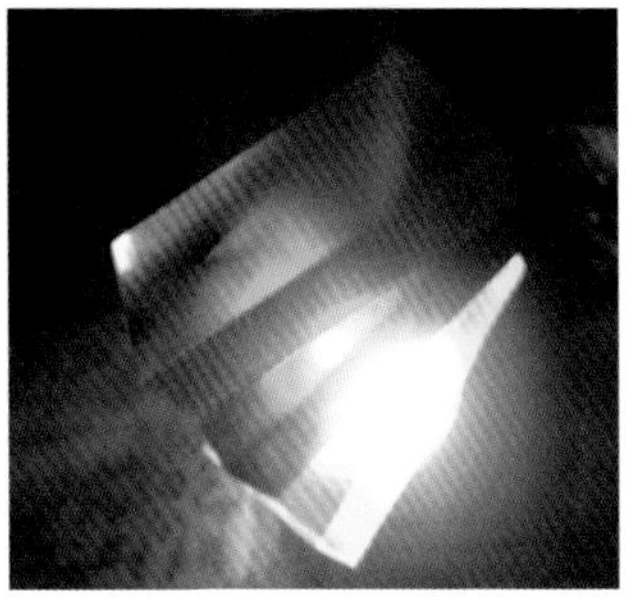

**アクリル積み木**
重ねるごとに色が変わるのを楽しむ。

**ミラーボール**
日の光を反射して、キラキラ光るのが不思議。

**紙粘土**
自然素材を紙粘土に埋め込んで。

**キュウリの葉っぱ**
触ってみたら、細かい毛がチクチク生えていてびっくり。

## 保育者の仲立ちが大事　妹尾正教

　1歳児は、まだ平行あそびの時期ということもあり、イメージを共有して一緒にあそぶことは難しいので、少人数でのかかわりが大切です。

　具体物で実際に経験したことをまねてあそぶことが楽しいころですが、徐々にブロックなどを何かに見立ててあそべるようになっていきます。ですから、子どもたちの見立てあそびを大事に考え、イメージが広がるような環境を工夫しています。

　家庭の状況がさまざまなので、子どもによって経験の量や質も違います。この事例のように、経験の差や月齢、発達によって、どこまでイメージできるか、個人差の大きい時期でもあります。ときには、イメージがかみ合わないことから、トラブルが起きることも。一人一人のそのときの姿をよく見て、環境構成をしていくことが大切です。

　何よりも、保育者が仲立ちをして、ほかの子と一緒にいる心地よさを感じられるようにしたいものです。

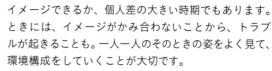

仁慈保幼園 うめ組の事例より

# おみこしを作りたい!

**「おみこしを作りたい!」と奮闘する一人の男の子の姿をきっかけに、クラスにおみこし熱が広がっていきます。「やりたい」を形にする子どもたちの姿が見えてきます。**

## 始まりは お兄ちゃんへの憧れから

仁慈保幼園のある鳥取県米子市では、毎年、「米子がいな祭り」というお祭りが開催されます。3・4・5歳児クラスの子どもたちは、おみこしを作って、そのお祭りに参加しています。

上のクラスにお兄ちゃんがいる2歳児のがっちゃん（仮名）は、お兄ちゃんのおみこしに強い憧れを抱いているようで、うめ組にあるままごとのエプロンをおみこしに見立てて、「わっしょい! わっしょい!」と模倣してあそぶ姿がありました。

お兄ちゃんたちが、園の隣の公園でおみこしをかつぐ前日、がっちゃんから「おみこしを作りたい。段ボールで作る」との声が。こうして、おみこし作りが始まりました。

保育者、友達と一緒に、うめ組の裏にある段ボール置き場に見に行き、自分で作りたい大きさの段ボールを選び、製作スタート。段ボールを留めるのに、のりでは留まらないことに気づき、「これで留める」と自分からガムテープを持ってきました。

そんな、がっちゃんたちの姿を見て、ほかの子どもたちも集まってきます。色をつけたいという話になり、鉛筆でかいてみたけれど、うまく色はつきません。次に色鉛筆。やっぱり薄い色しかつきません。「クレヨンがいいんじゃない」という友達の声もあり、みんなでクレヨンで色付けをしました。

「やっていい?」「いいよ!」「ここをはるといいんじゃない」、お互いの思いを言葉にしながら、おみこしを作る姿に、2歳児の協同性の育ちを感じます。

出来上がったおみこしは早速廊下に持ち出して、みんなで「わっしょい!」と運ぶことを楽しみました。

廊下で「わっしょい」。手で持って、担いでいるつもりを楽しむ。

わっしょい! わっしょい!

エプロンをおみこしに見立ててあそぶ子どもたち。

箱から飛び出せるようにしたい

箱から飛び出せるよう、側面に段ボール板を付けた。2歳児ならではの発想も大切に。

環境のPoint

### 試行錯誤を大切に

接着や着色の製作材料も保育者が答えを出すのではなく、自分たちで試して、考えて、選べるようにしている。

## 子どもたちの試行錯誤は続く

保育者は、子どもたちのおみこしへのイメージがもっと広がるといいなと思い、壁に3・4・5歳児クラスの子どもたちが作ったおみこしの写真をはったり、お祭りのパンフレットを出してみたりしました。

すると、「棒が付いてる！　棒をつけたい」と言う子どもたち。保育者が材料を提案することもできましたが、あえて答えは出さず、「どうするのがいいかな？　おうちの人に聞いてみるのはどうかな？」と投げかけました。保護者にも、おみこし作りがスタートしたことを伝えます。

すると翌日、がっちゃんは保護者と一緒に新聞紙を丸めてガムテープで巻いた棒を作ってきました。早速、棒をつけてみます。いい感じです。イメージにだいぶ近づきました。

ところが、おみこしに興味をもつ子どもがどんどん増えてきてしまい、棒が短くてたくさんの子でかつぐことができません。「みんなでかつぎたい」との思いが高まったとき、がっちゃんはさらに長い棒をおうちで作ってきました。

こうして、複数人でかつぐことができるようになりました。とにかくかついで歩きたい子どもたち。その後も園のテラスや隣の公園にもおみこしを持っていき、かついで歩くことを楽しみました。

かつぎたい子がたくさん集まってきて……。

見て！
棒を作ったよ

2歳児にはまだ難しい接着も自分で。集中してガムテープをはっていく。

保護者と一緒に作った棒を持ってうれしそう。

外でおみこしが
やりたい！

とにかくかつぎながら歩くのが楽しい。

環境のPoint

### 子どもの「やりたい」を形に

安全面には十分に配慮しながら、子どもたちの「やりたい」に応えられるような環境を考える。

みんなで
わっしょい！

棒を長くしてみた。ねじりはちまきも巻いて。

## みんなに見てもらいたい

おみこし熱も少し落ち着いていたある雨の日、お祭りのパンフレットをきっかけに、久しぶりに「おみこし、わっしょいしたい」と子どもたち。雨なので廊下でおみこしを楽しみます。もも組（0歳児クラス）の前まで来ると、中からじっと見つめる0歳児の姿が。せっかくなので、保育室に入って、おみこしを見てもらうことにしました。

「すごいね」「かっこいい」「また来てくれるとうれしい」と声をかけられ、うれしそうな子どもたち。「いちご組（1歳児クラス）にも見せたい」と1歳児クラスにも見せに行きました。

たくさんの人に見てもらい、また意欲がわいてきたようです。「わっしょい！」のかけ声にも力が入る子どもたちでした。

## 保護者の協力で おみこしがバージョンアップ

おみこしの棒は新聞紙で作っているため、みんなでおみこしを楽しんでいると、だんだんと折れ曲がって、壊れてきてしまいます。子どもたちは何度も何度も手直ししますが、やはりしばらくすると、ぐにゃっとしてしまいます。

そんな子どもたちの様子をポートフォリオや口頭で保護者とも共有していたところ、えりちゃん（仮名）のおじいちゃんが、「これを使うといいん

すごいね！
かっこいいね！

0歳児クラスの子どもたちと保育者に、自慢のおみこしを見てもらう。称賛の声かけに子どもたちもうれしそう。

廊下を通っていると、0歳児クラスから熱い視線が。

雨の日、廊下でおみこしを楽しむ子どもたち。

1歳児クラスも訪問。1歳児クラスの子どもたちも、お兄さん、お姉さんの様子に興味津々。

わっしょい！

かけ声も元気いっぱい。

棒を紙筒に付け替えてみたら、すごくかつぎやすく、みんなで持てるように。

じゃないか」と長くて固い紙筒を持ってきてくれました。早速、子どもたちと相談して棒を付け替えてみたところ、持ちやすくて、さらに長さも出て、かつぎやすくなりました。

保護者に子どもの様子を伝え、情報を共有することで、保育に参加してもらえたり、協力してもらえることが増えてくるようです。

## お兄さん、お姉さんのクラスも訪問

みんなに見てもらったことがきっかけで、自信をもった子どもたち。また見てもらいたいと、0歳児、1歳児クラスを訪問します。また、お祭りを再現したいと、おままごとの三角巾をねじりはちまきにして頭に巻きました。この日は、2階にある3・4・5歳児クラスにも行ってみることに。

お兄さん、お姉さんがいる2階に、子どもたちはちょっとどきどき。きういグループ(3・4・5歳児クラス)では、大勢の子どもたちが集まってきました。最初は緊張気味でしたが、一緒に「わっしょい！」のかけ声をかけることができました。

きういグループでは、お兄さん、お姉さんから「かっこいいね」と言ってもらえ、「みんな頑張っているから」とプレゼントまでもらいました。

2歳児クラスで盛り上がったおみこし。みんなで協力することを楽しんだり、異年齢のつながりが生まれたり、物づくりへの興味・関心が高まっていきました。子どもたちの「やりたい」を見守り、後押しすることで、活動の広がりと深まりが見られました。

みんな、
かっこいいね！

お兄さん、お姉さんからプレゼントをもらう。

3・4・5歳児の保育室にやってきた。

ねじりはちまきを巻いていざ2階へ。

### 2歳児での経験が、3・4・5歳児の豊かな学びにつながっていく　妹尾正教

2歳児でも、その地域の文化や生活に、とても影響を受けていることが感じられる事例です。地域の祭りに参加したり、上の年齢のクラスの子どもたちがおみこしを作ったりすることに触発されてイメージをもち、自分たちからやりたいと思えることが大事です。やりたいという内発的な動機があるから、試行錯誤をすることができます。「のりでつかないなら、ガムテープではどうだろう？」と、自分たちの経験から考えつきますが、ふだんから保育室に素材があるからこその発想かもしれません。

保育者は、写真やパンフレットを用意して、子どもたちが視覚的に共有することを後押ししています。また、一緒に考えるという保育者の姿勢も大事です。

ほかのクラスの子どもたちに認めてもらうことは、自尊感情の育ちにつながります。自尊感情は、何かをやり遂げようとする気持ちや、試行錯誤をしながら探究する心を育み、3・4・5歳児の豊かな学びにもつながっていくでしょう。

世田谷仁慈保幼園

うめ組の事例より

# 環境構成から広がる電車あそび

**子どもたちの興味・関心をくみ取り、環境に落とし込んでいくことで、子どもたちのあそびは、さらに深まり、広がりを見せていきます。保育者は、どのように子どもの思いと対話しながら、環境構成をしていくのでしょうか。**

## 電車あそびが大好きな子どもたち

2歳児クラスのうめ組には、0歳児のときから電車が大好きな子どもたちがいました。そこで、4月当初から保育室内には電車あそびコーナーを構成。電車のおもちゃであそび続ける子どもたちの姿がありました。

6月のある日、「駅を作りたい！」と、隣にある積み木・ブロックコーナーから積み木を持ってきたみつるちゃん(仮名)。週末は、家族で電車の旅を楽しむほど電車好きです。駅を作ってあそぶ姿を見ていると、電車や駅のホームをよく観察していることがわかります。ホームドアまで積み木で再現し、ドアの開閉時に鳴る音までつぶやきます。また、人形のおもちゃを配置して乗客に見立て、駅に電車が着くと積み木のホームドアを開閉し、乗客が駅の外に出て行くまでの姿も再現していました。

そんなみつるちゃんの姿もあって、

環境のPoint

**電車あそびコーナーと積み木・ブロックコーナーを合体**

はじめは、電車を走らせるあそびを楽しんでいたが……。

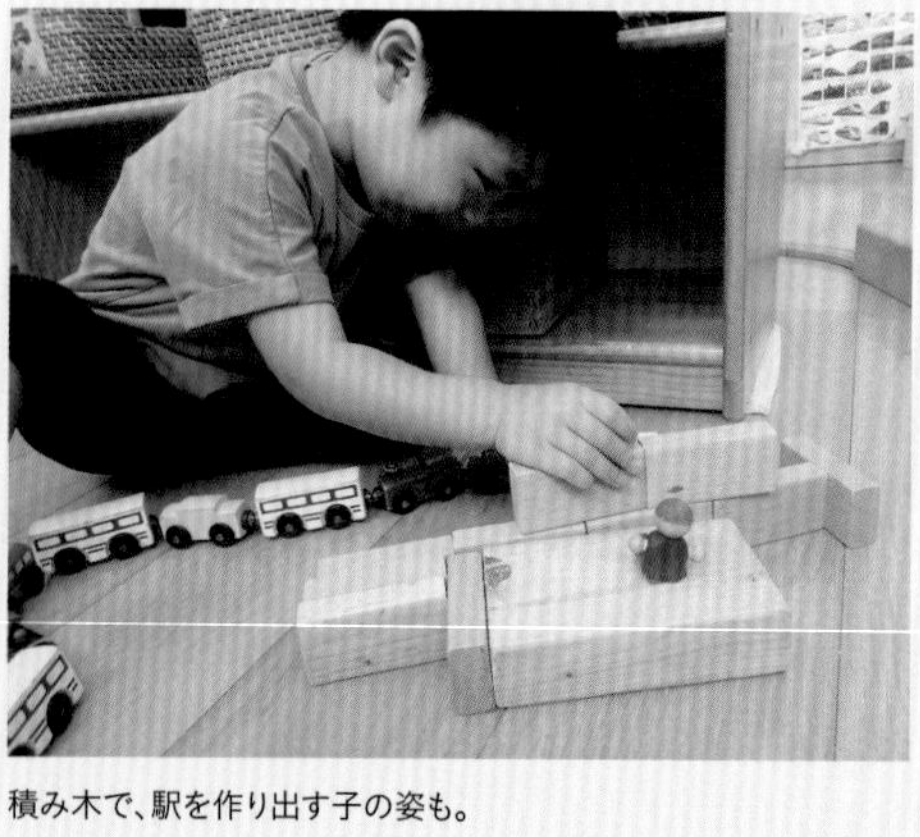

積み木で、駅を作り出す子の姿も。

独立した電車あそびのコーナーを積み木・ブロックコーナーと合体させて広くした。

担任同士が話し合い、電車コーナーと積み木・ブロックコーナーを合体。すると、ほかの電車好きな子どもたちも、あそびの中で積み木やブロックを活用し始めました。

## ブロックで電車を作る

きよしちゃん（仮名）も、電車が大好き。電車や車などが載っている乗り物図鑑を読み込み、さまざまな種類の乗り物を覚えています。7月になると、おもちゃの電車であそぶのではなく、磁石の入ったブロックで自分の好きな電車を作るようになりました。

きよしちゃんも、電車あそびにはこだわりがあります。「電車は、最初はゆっくりで、どんどん速くなるの」などと保育者に説明をしてくれながら、動き方を再現していました。磁石のブロックの穴に長方形の積み木を立てているので、何かなと思っていると、「貨物だよ！」と貨物列車であることを教えてくれました。「ドアが開きます」と、ブロックの一つを動かしていたきよしちゃん。それを見て、あやちゃん（仮名）が、「電車のドアは2つだよ」と教えてくれました。それを聞いたきよしちゃんは少し考え、「確かに！」という表情で、ブロックを2つ動かしていました。自然と友達と対話しながらあそぶようになってきています。

環境の Point

### 少し難しい本も

よりくわしく電車のことを知りたい子のために、小学生向けの図鑑も用意。保育者に質問しながら、熱心に見入る姿が。

環境の Point

### 路線図や地下鉄のマークを掲示

子どもの目線の高さに路線図や地下鉄のマークを掲示。漢字表記だが、保育者に質問しているうちに、全部覚えてしまう子も。

環境の Point

### 電車のおもちゃは隅のほうへ

9月、子どもたちがブロックや積み木で電車あそびをすることが多くなったので、電車のおもちゃは、奥のほうへ。

ここがドアだよ！

## 進化し続ける電車あそび

10月になると、子どもたちの電車あそびは、さらにホンモノらしさを増してきました。園での活動をポートフォリオや会話の中で保護者にも伝えることで、園がお休みの日は、毎週のようにいろいろな電車に乗りに行く家庭もありました。

みつるちゃんは、週末新しい路線に乗ると、行った駅が必ずあそびに登場します。週末に行った横浜シーサイドラインの駅はふだん使っている近隣の駅とは違い、ホームドアが高かったり、ガラス張りふうな屋根になっていたりしたようです。新しく用意した電車あそび用の積み木を使って、シーサイドラインのお気に入りの駅を再現しようとする姿もありました。

また、みつるちゃんは、ブロックで作った電車であそびながら、上手にアナウンスの口まねをしています。「本日もJR東日本をご利用ありがとうございました」から始まって、途中で「トゥリルリトゥリル〜」とベルの音も入ります。

保育者は、子どもたちの「ホンモノらしくしたい」「経験したことを表現したい」という強い思いと、あそびの中での表現方法が巧みになっていっていることを感じました。そこで、ほかのあそびにも電車あそびを反映できたらいいなと環境構成を考えていきました。

こんな形をしてた！

週末に訪れた駅を、積み木で表現。

環境のPoint

### 地下鉄のマークを積み木に

マークに興味をもっていた子がいたので、地下鉄のマークを積み木にはってみたところ、それをあそびに使う姿があった。

環境のPoint

### 電車のあそびをほかにつなげる

パズルコーナーに、電車のパズルを置くことで、パズルあそびに興味をもつ子も。

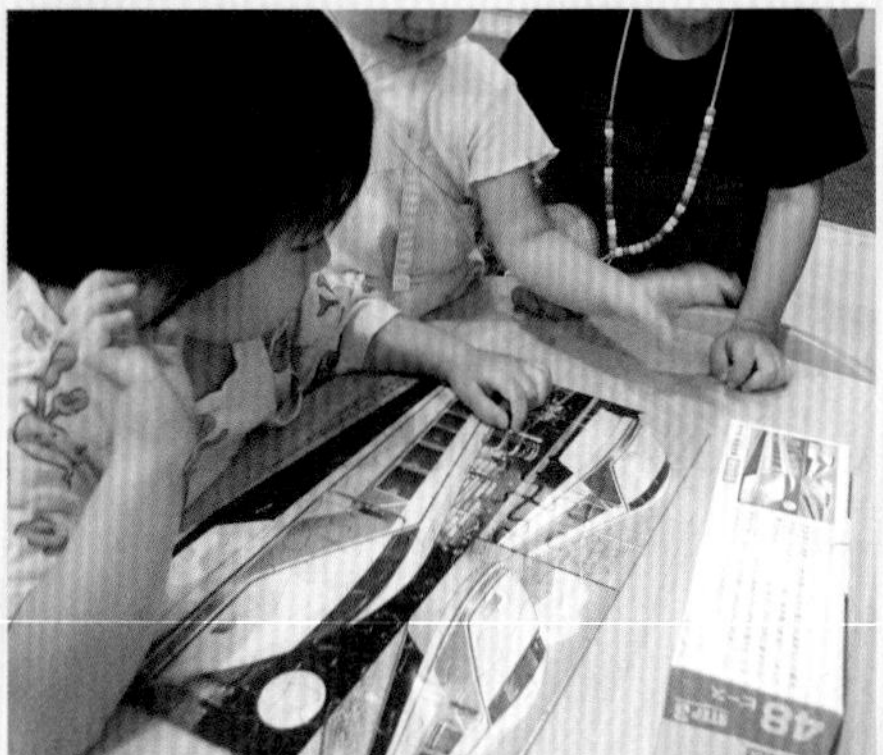

塗り絵の電車の上に、人形の乗客を乗せて。

塗り絵コーナーに、電車の塗り絵を置くと、自分で色を塗った物をまた電車あそびに使う子もいた。

## 自分の表現に自信をもって

12月にイマジン展という、保護者向けに子どもの活動の様子や作品などを展示する催しがありました。2歳児クラスはあそびの様子の展示とともに、みつるちゃんの駅のアナウンスを録音して流しました。それを聞いたふだんあまり電車あそびをしない子の保護者が「うちの子が家で口ずさんでいるのは、これだったんだ！」とびっくりしていました。直接あそびに入ってこなくても、クラスの友達の様子は、しっかり心に刻まれているようです。

1月には、みんながより電車の世界を楽しめたらと思い、みつるちゃんのアナウンスを流しながら、段ボールを出してみました。電車ごっこを楽しんでいる様子から、保育者が「色を塗ってみたら」と提案すると、「丸ノ内線にするぞ」と、みつるちゃんはすぐに絵をかき出しました。塗り絵のときは「銀座線にしたいけど、どうすればいいのかな」と悩んでいましたが、それ以降も電車あそびの中で、みんなに「すごいね」と言われた経験から、表現することに自信をもてたようです。これからも、互いの表現を認め合う機会や雰囲気を大切にしていきたいと感じました。

イマジン展での展示。活動の様子を写真で紹介。

電車には、思い思いの絵をかいた。

段ボールで、電車ごっこも。

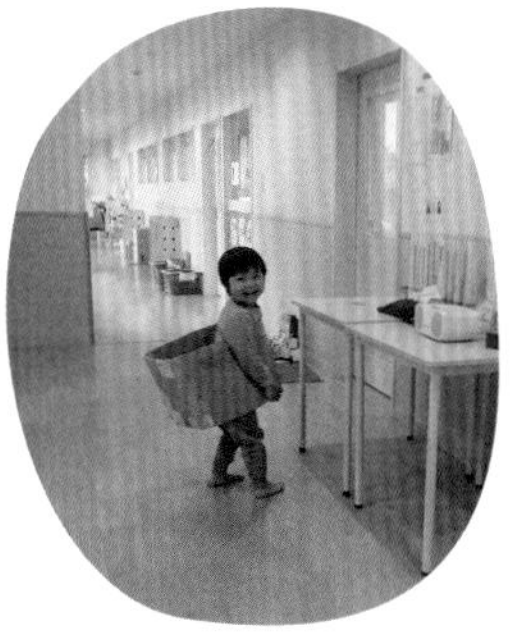

## ホンモノを知ることで、イメージが豊かに　妹尾正教

ポートフォリオを通して、またお迎えのとき、園での子どもの様子を保護者に伝えています。そうすることで、子どもの興味・関心が保護者に伝わり、家庭でも子どもの興味・関心に寄り添ってくれています。休みの日に保護者が今まで見たことのない駅や電車を見に連れて行ってくれたことで、あそびのイメージがとても広がりました。ホンモノをインプットすることで、ブロックを使ったあそびでもイメージがもてるようになったのだと思います。このように、家庭と園とで保育を共有して連携することが、あそびにおいても大切だと感じています。

また、子どもの姿に寄り添って、分かれていた電車あそびコーナーと、積み木・ブロックコーナーを1つにするなど、環境を変化させたことで、あそびが豊かになっていきます。ホンモノの電車の写真や、路線図、地下鉄のマークなど、子どもの興味・関心に関係するものを掲示することも、イメージを共有するうえでとても役立ち、あそびが深まっていきます。

世田谷仁慈保幼園

りんごグループの事例より

# 「対話」が生み出す協同的な活動

**「マークを探したい」。一人の子の発言からクラスの中で対話が生まれ、豊かな活動へと広がっていきました。活動の軌跡をご紹介します。**

## マーク（標識）を見つけるあそび

りんごグループでは、7、8月ごろになっても、なかなかあそびが深まらない日々が続いていました。ダンスに興味をもっている姿があってさまざまなCDを用意しても、おしゃれが好きな子が多かったのでマニュキュアあそびのコーナーを構成してみても、あそびが一過性で長続きしないのです。そこで、担任同士が話し合うときに、もう一度、保育ウェブやドキュメンテーションなどの記録を使って、子どもたちのあそびを俯瞰的に見てみると、積み木コーナーでは積み木を木に見立てたり、おうちを作ったり、電車コーナーでは駅を作ったり、動物園を作ったりしている姿がありました。「街みたいだね」という意見が出たので、建物を作る参考になればと、いろいろな施設が載っている図鑑を、絵本コーナーに用意してみました。

保育者も気がつかなかったのですが、この本の最後のほうのページに街で見かけるマークや標識が載っているのを、一人の子どもが発見。「このマーク、園にもあるよ」と、非常口のマークを教えてくれました。そこから、園内のマーク探しが始まりました。園内のマーク探しが一段落すると、「散歩のときにも、マーク探しをしよう」と子どもたちから意見が出てきました。

## 子どもたちとの話し合い

担任は、ただマークを探すだけでは、活動が子どもたちの心に残らないと考え、クラスのみんなと情報を共有するためにはどうすればよいか、子どもたちと話し合うことに。「見つけたマークを紙にかいたらいいんじゃない？」「でも、歩きながら、紙にかくのは大変」など、さまざまな意見が出ましたが、最終的に散歩には、マークの一覧表を持って行くことになりました。一覧表はしょうちゃん（仮名）たちが作ってくれましたが、その過程でマークの絵からその意味を考える姿もありました。

環境の Point

**ふだんのあそびとつなげる**

棒に付けたマークの塗り絵を、積み木コーナーで作った道の標識に。

環境の Point

**マークを塗り絵に**

子どもたちになじみのある塗り絵コーナーにも、マークの塗り絵を用意。

園内でのマーク探し。

## マーク探しから、マンホール探しに

　子どもたちにとって、標識もマークのうち。散歩に出かけて標識や街角の地図の中にあるマークなどをチェックしていきます。その途中で、一人の女の子が「地面にもマークがあるよ」と、つぶやきました。指さすところを見ると、それはマンホールのふた。ほかの子から「まんだら塗り絵みたいだね」という声も。それをきっかけに注意して見ると、マンホールのふたの模様もいろいろです。

　散歩から帰って「集まり」の時間に散歩の話題になったとき、見つけたマークをどのようにしたいかを尋ねると、話し合いの末、マークの写真を紙にはり、写真の下に説明を書き込んで「マーク図鑑」を作ろうということになりました。

　次の散歩では、友達がマンホールを見つけたことが印象的だったようで、みんなマンホールのふたに注目して探します。すると、子どもから「マンホールって、なんでこんなにいっぱいあるんだろう?」と疑問の声が。その声を、また「集まり」で共有してみました。

　子どもたちからは、「うんちとおしっこが流れてるって、お父さんが言ってた」「中はどうなっているんだろう?」「川の流れる音がする」「バナナの皮も流れているんじゃない?」などと、さまざまな意見が出ます。しょうちゃんは、「下水管は、実は迷路みたいになっているんだよ」と話し、その場で絵をかいてくれました。

## マンホールの「中」へ移る興味

　次の散歩には、懐中電灯も持っていきました。もしかしたら、ふたに空いている小さな穴から中がのぞけるかもと思ったからです。ところが、葉っぱしか見えなかったり、真っ暗で懐中電灯の光が届かなかったり……。ただ、マンホールに顔を近づけたことで、「くさい!」と、中の匂いに気づいた子もいました。

　ある日のこと。またまたマンホール探しの散歩に出ていた子どもたちは、偶然、道路を工事している人たちに出あいました。工事現場の人が側溝を開けている様子を見て、子どもたちは「マンホールのふたも開けてください!」。すると、「下水道局の許可がないと、開けられないんだよ」と、親切に教えてくれました。

　子どもたちはこの時点で、下水管があるのは知っていましたが、今度は「下水道局って何?」と新たな疑問が生まれました。

　散歩から戻っての「集まり」の時間には、下水道局について「マンホール(のふた)を飾ってあるところじゃない?」「トイレの水を作っているんじゃない?」などと、さまざまな意見が出ていました。

下水道局って
なんだろう?
マンホールは、
下水道局の許可がないと、
開けられないんだよ。

工事現場の人との出あいから、新たな疑問が生まれた。

環境のPoint

### 感じたことを表現できる場

下水道のイメージを、絵や積み木で表現する姿が見られた。

園庭の砂場では、友達とイメージを共有し、協力しながら下水道作り。

## 「虹の下水道館」の存在を知る

ドキュメンテーションや子どもの話からマンホールのことを知った保護者が、子どもと一緒に下水道局について調べてきてくれました。下水道局に電話をしてみると、「マンホールの中の仕組みがわかるところがある」とのこと。そのことをおうちで話した子が「虹の下水道館」のことではないかと教えてもらった様子。またまた調べて、やっと東京都江東区にあることがわかりました。たまたま虹の下水道館の近くで仕事をしていた保護者から、どうやって行けばよいのかを聞いてきた子も。

もちろん、子どもたちは行く気満々。まずは、園の最寄り駅まで歩いてみました。時刻表や乗り換え時間を調べ、駅員さんに「この時間で合ってますか?」と、自分から聞きに行く子も。

しかし、子どもたちといろいろ調べた結果、園からは片道1時間以上かかることがわかりました。往復の時間、見学の時間などを考えると、朝から出かけても、帰園するのが午後1時を過ぎてしまいます。お昼は? お昼寝をしたくなってしまう子は? さまざまな課題が出てきます。子どもの思いはかなえたいけれど、現実的にはなかなか難しい。担任間でも何度も話し合いが行われました。そうして、「土曜日に、おうちの人を誘って行く手もあるよ」と、担任が提案し、現地集合、現地解散という形で出かけることになりました。

環境のPoint

### 情報の共有

集まりの中で、おうちの人が虹の下水道館にどうやって行けばいいのか、書いてくれたことを発表。情報を共有する。

実際に歩いてみたら、最寄り駅まで30分かかった。

「この時間でいいですか?」

駅員さんに自分から質問する3歳児。

どのくらい時間がかかるのかな?

保護者が丁寧に行き方を書いてくれた紙を見ながら、行き方を検討する。

## 虹の下水道館

子どもたちの質問に答える時間も設けてくれた。

水が流れる様子が見え、下水道の仕組みがわかる。

### 虹の下水道館では

12月の見学当日は、保護者も興味をもってくれて、全員が参加できました。虹の下水道館では、トイレやお風呂、水道があって、水を流すと透明な管を通ってどう処理されていくかわかるような仕組みを見たり、子ども向けにわかりやすく下水道の仕組みを解説した短編アニメを見たりして過ごしました。「どうやって、水をきれいにするの?」などという、子どもたちの質問にも職員の人が丁寧に答えてくれました。

虹の下水道館へ行ったことで、やりきった感をもった子たちもいましたが、中には砂場での下水道作りを続けている子、マンホールカード（各地のマンホールを紹介するカード）集めを始めた子もいるなど、興味の広がり方はさまざまです。

施設がいろいろ載った本を用意したことが、保育者の最初に予測していた積み木あそびの深まりではなく、マーク、マンホール、下水への興味・関心につながり、対話が活発になり、ここまで探究が深まるとは想像していませんでした。子どもの言葉や疑問を丁寧に拾っていくことの大切さと、子どもの興味・関心がどこに向くかのおもしろさを、より感じた事例でした。

## 身近なあそびから外の世界に目を向ける　妹尾正教

子どもの興味・関心から、いろいろなコーナーを構成してみても、あそびが深まらないということは起こりがちです。そんなときは、記録を整理してみると、子どもたちの姿がより見えてくることがあります。

この事例は、身近にあるマークや標識への興味・関心から始まり、一人の子の「マンホールの下は、どうなっているんだろう」という疑問を拾ったことで、外の世界へとつながっていきました。不思議だと思ったことや疑問を自分で探究していくおもしろさを感じることが、「学びの芽」となっていきます。

下水道という見えない世界を想像して絵にかいてみることも、外の世界を知りたいという気持ちを後押しする試みです。

また、いろいろな仕事をしている人に出あうことが、社会にはさまざまな仕事や仕組みがあることを知るうえでとても大切です。子どもたち自身にとっても貴重な体験ですが、地域の大人にとっても子どもたちのことを知るよい機会となるのです。

仁慈保幼園　きういグループの事例より

# 異年齢クラスにおける子ども同士の育ち合い

**3・4・5歳児では、異年齢保育をしている仁慈保幼園。上の年齢の子どもから下の年齢の子どもたちへ文化が受け継がれていく中、4・5歳児とのかかわりが3歳児にどのような個の育ちをもたらすのかを丁寧に追った事例です。**

## 「参加したいけど入れない」から、徐々に仲間に

4月に2歳児クラスから異年齢クラスに進級したまさるちゃん（仮名）は、もともと控えめな性格で、思いをあまり言葉にするほうではありませんでした。

そのころの4・5歳児は、色水を固めたいと思ったことをきっかけに、「自分たちの作った色付きのろうそくをともして、キャンプごっこをしたい」と、ろうそく作りをしていました。まさるちゃんは、ほかの3歳児や4・5歳児が楽しくろうそく作りをする様子をじっと見てはいますが、仲間に入ろうとはしません。

6月ごろになると、キャンプごっこのためのテント作りが盛んになってきました。破れないテントを作ろうと、素材選びに試行錯誤をしているみんなを、まさるちゃんはずっと観察しています。やがて、「破れないテント」が完成。何人かがテントに入ってあそび出すと、いつの間にか、まさるちゃんもテントの中に！　それからは、みんなが手作りの弓矢であそんでいる中に交ざるなど、徐々にほかの子と一緒にあそぶようになってきました。

遠くからじっと見守るまさるちゃん（仮名）。

試行錯誤を重ね、テントの素材はブルーシートに決定。

徐々に、まさるちゃんが友達の輪の中に入っていく姿が。

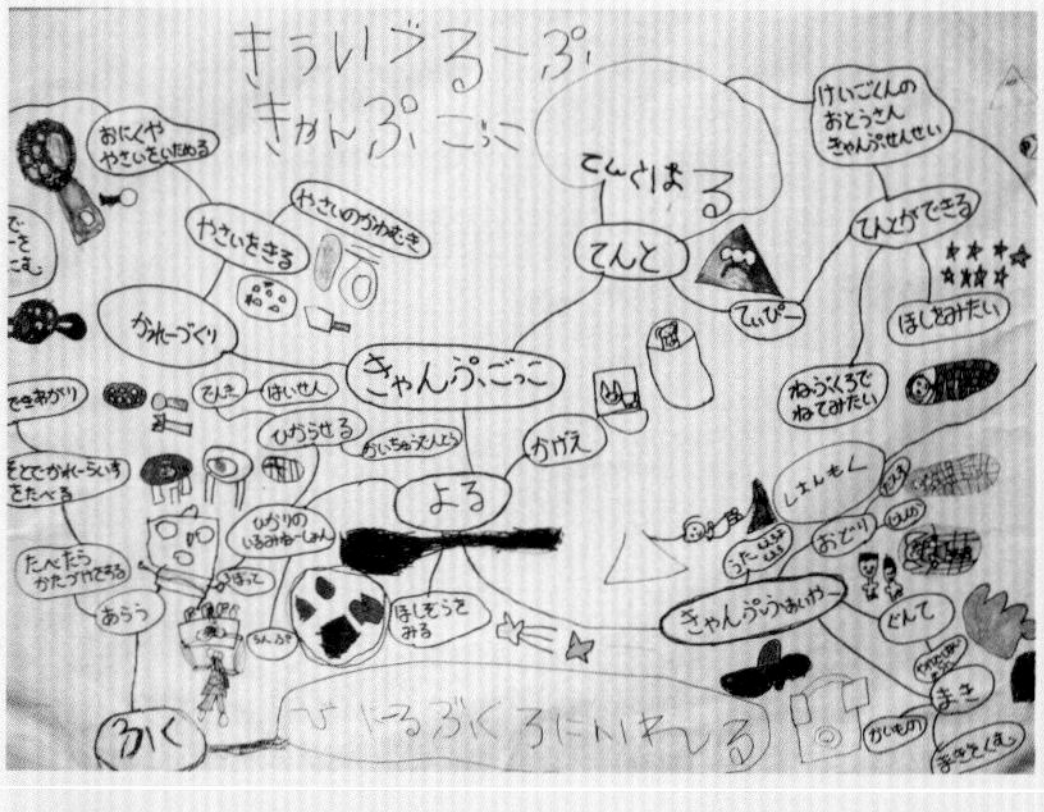


### 環境のPoint　あそびのウェブ

5歳児が中心になってかいた、キャンプごっこに関してのウェブ。イメージを可視化することで、情報を共有しやすくなる。

## 「ぼくもやりたい！」、光るロボット作り

10月ごろ。暗くなってからするキャンプごっこのときに、5歳児がそばにロボットを置き、光らせたいというアイディアを出しました。5歳児が中心となって、設計図をかき、カッターで段ボールに切り込みを入れたり、ガムテープでペットボトルをつなげたりしていきます。

最初は、いつものように様子を見ていたまさるちゃん。ある日、4歳児のいくちゃんと5歳児のひかるちゃん（仮名）が作業をしているところへ、そっと近づいて行きました。耳を澄ませてみると、まさるちゃんが「僕も一緒にロボットを作ってみたい」。いくちゃんがひかるちゃんに「まさるちゃんも入れてあげようか？」と聞きます。ひかるちゃんは、「穴を開けるのとか、できんと思う」。それに対していくちゃんは、「穴を開けるのは難しいと思うけれど、模様をつけたり、はったりするのはできると思うよ」。それにひかるちゃんも納得し、二人そろってまさるちゃんに、「一緒にロボット作りをしよう。穴を開けたところに、模様をはってくれる？」と伝えました。うれしそうに「うん、いいよ」と答えるまさるちゃん。

まさるちゃんは、年上の子どもたちのあそびを見たり、作った物を使わせてもらうだけでは満足できなくなり、自分も参加したいという気持ちが強くなってきたようです。

## キャンプごっこでロボットを光らせる

やっと準備が整った12月、園庭で待ちに待ったキャンプごっこが行われました。そこには、暖かいテントの中で、年上の子どもたちとうれしそうにカレーをほおばるまさるちゃんの姿が。築山の上には、まさるちゃんが製作に参加したロボットが輝いています。

はじめは見ているだけだったのに、自分から話しかけ、4・5歳児とともに光るロボットを完成させたこの経験は、まさるちゃんの大きな自信になったようです。

環境の Point

### 光るロボットの設計図

みんなで作りたい物は、設計図をかいてイメージを共有。

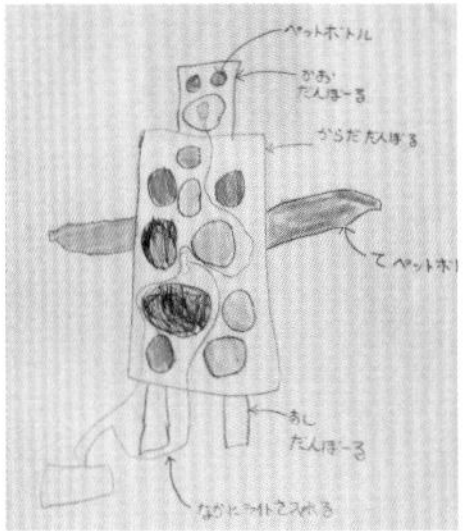

大体の形が出来上がってきた光るロボット。

テントの中で、年上の子と楽しそうにカレーを食べる姿があった。

当日は、築山の上でロボットを光らせることができた。

うれしそうに年上の子たちと作業にいそしむ。

## 3歳児のときの経験が活きる4歳児の姿

一年が経ち、4歳児となったまさるちゃん。クラスでは、万華鏡がブームになっていました。「集まり」の時間に、「万華鏡の中は、どうなっているんだろう？ 中が見たい」と、言い出したのがまさるちゃんでした。その後も、万華鏡を解体して自分で作ってみたり、万華鏡の中の写真を撮り、それをスクリーンに映したりする活動をしましたが、いつもさまざまなおもしろいアイディアを出すようになっていました。

3歳児のころのキャンプごっこがとても心に残る出来事だったようで、ある日、「夜の暗い中で万華鏡の模様を光らせたい」と言ってきたのもまさるちゃんでした。また、光るロボットを作った経験から「おうちを作って光らせたい」と、完成予想図をかきました。ある日、まさるちゃんがほかの子をリードしながら、カッターを使って模様の切り込みを入れたり、土台作りをしたりと作業を進めているときのこと。3歳児のしゅうちゃん（仮名）が、まさるちゃんのことをじっと見守っていました。まさるちゃんはそれに気づくと、自分から「一緒に作ろう」と、声をかけたのです。自分が3歳児のときにしてもらったように、「切るのは難しいから、模様をはってくれる？」というまさるちゃんの姿に、成長を感じた瞬間でした。

一緒にやろう！

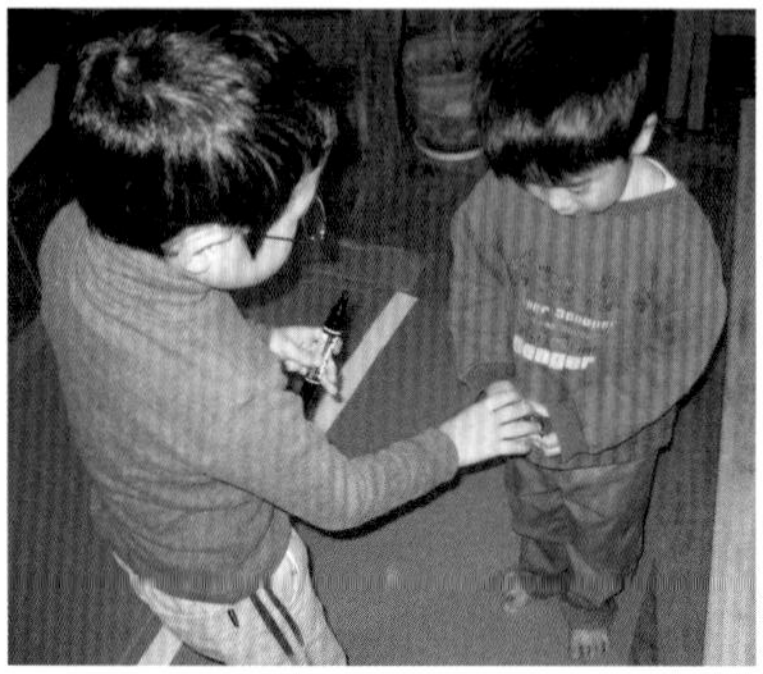

仲間に入りたそうにしていた3歳児に、自分から声をかけるまさるちゃん。

環境のPoint

**「集まり」で設計図を紹介**

まさるちゃんがかいた光るおうちの設計図を、「集まり」の時間に共有。

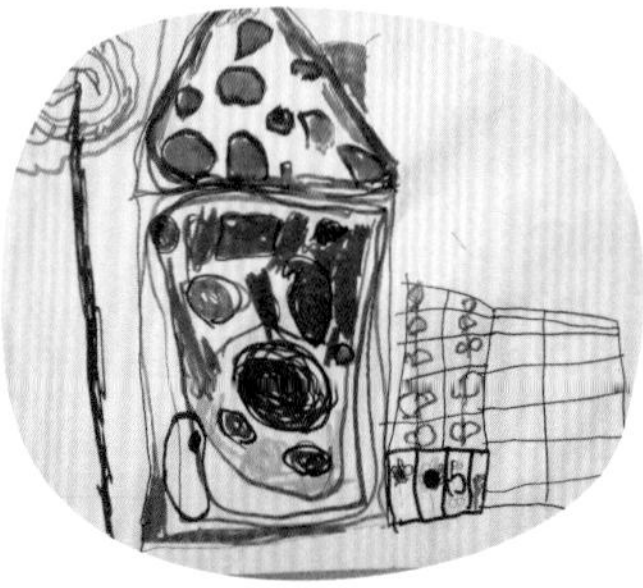

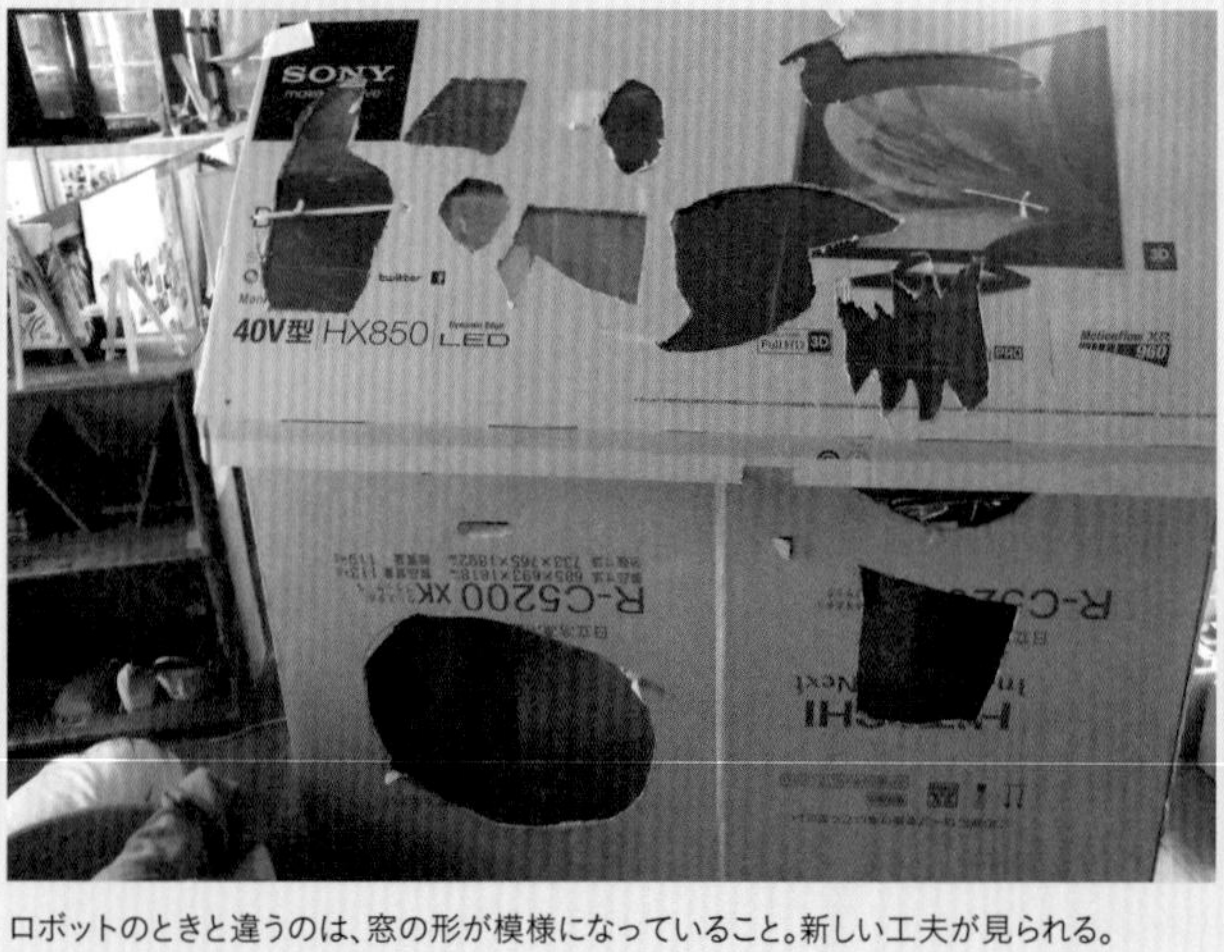


ロボットのときと違うのは、窓の形が模様になっていること。新しい工夫が見られる。

上手にはれるよ

カラーセロファンをまさるちゃんのサポート通りにはる3歳児。

## 異年齢という文化の中で育つ子どもたち

しゅうちゃんが仲間に加わり、おうち作りは、着々と進んでいきました。光るおうちは、電飾を入れて光らせますが、明かりがちゃんと付くかどうかのテストも、まさるちゃんが率先して行っていました。

そして、当日。みんなが撮影した万華鏡の写真が園の壁に投影され、子どもたちと保育者は光の世界を楽しみました。築山の上には、まさるちゃんたちの思いを込めた光るおうち。楽しい一夜が過ぎていきました。

はじめは消極的だったまさるちゃんが、4歳児になった今、クラスの中心的な存在へと成長しています。異年齢保育では、子どもたち同士の中で学び合い、育ち合う姿が見られます。まさるちゃんも、上の年齢の子どもたちとともに経験したことが一つの自信となり、下の子に経験を伝えることがまた一つの自信となっていったようです。子どもたちが作り出すクラスの文化とは、あそびや活動の手法だけでなく、目に見えない思いやりや優しさも伝えているように感じられました。

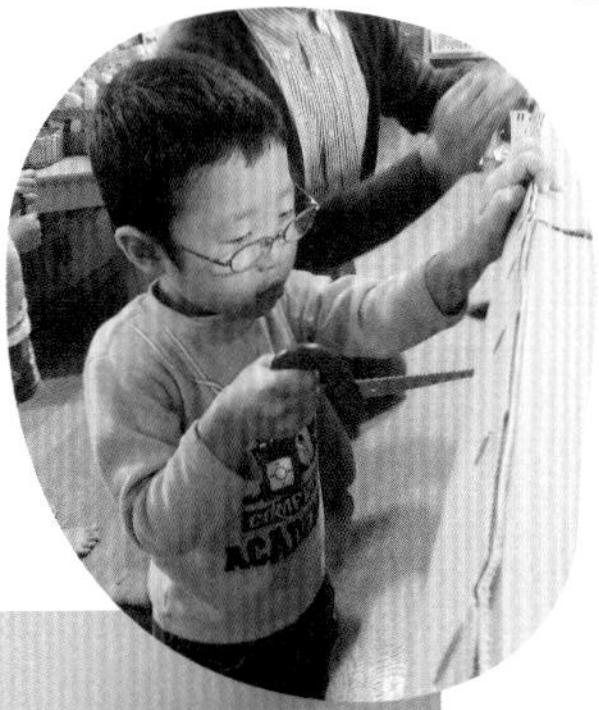

道具も上手に使えるようになってきた。

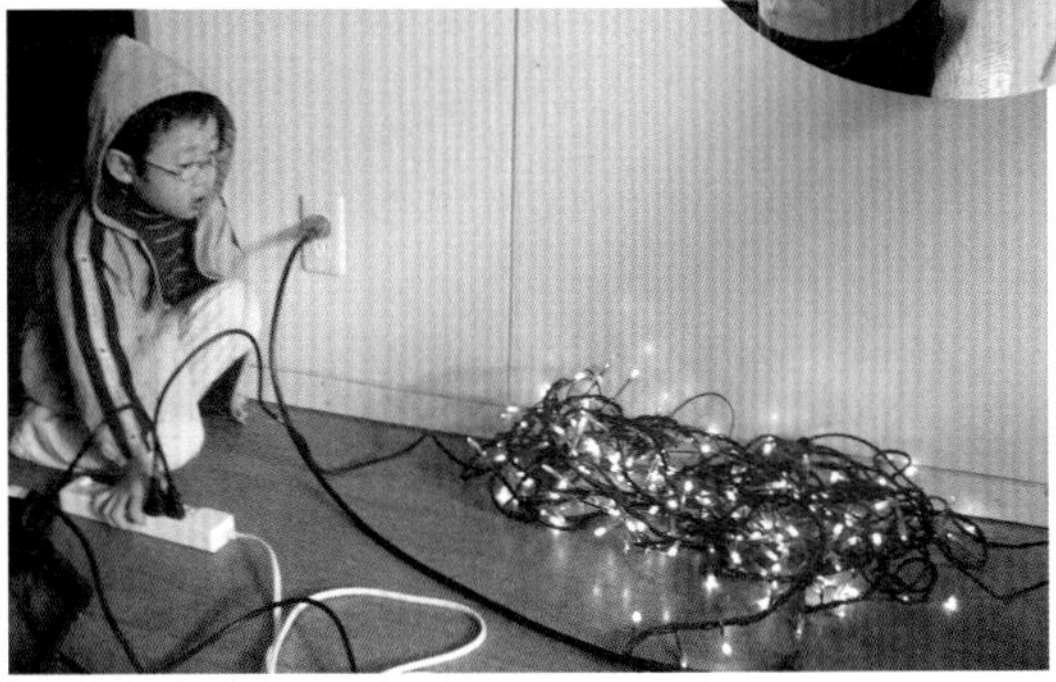

電飾がちゃんと付くかどうかのテストをするまさるちゃんの姿が。

当日、暗い中に浮かび上がる光るおうち。

### 個が育つことで、活動が豊かになる　妹尾正教

クラスの子どもたちは、一緒に生活する友達のことをよく知っています。互いの得意・不得意を理解していて、活動を振り分けて1つのことに向かっていく力をもっています。教育とは、教え諭すのではなく、このような自然な形で、子どものよいところを引き出すものだと思っています。異年齢の中での育ち合いで個が成長していくことが、活動自体をまた豊かなものにしていくのです。

夜の暗い中で、ロボットやおうちを光らせたいという子どもたちの願いを却下することは簡単ですが、私たちはできるだけ子どもの願いを形にしたいと考えています。願いがかなうことを知っていれば、「どうせ、こんなことを言っても無理だと言われる」とあきらめてしまうことはなく、全力で活動に取り組むことができるのではないでしょうか。はじめから無理と決めずに、どうやったら子どもたちの願う活動ができるかを考えていくことを大事にしています。

きういグループの事例より

世田谷代田仁慈保幼園

# イチゴプリン作りから深まる学び

**食に対する興味が深い、きういグループ。イチゴプリンを作りたいという思いが、さまざまな興味・関心に広がっていきました。一人の「やりたい！」が、クラス全員を巻き込んでいきます。**

## 給食のイチゴプリンを、作ってみたい！

4月。給食のデザートで出たイチゴプリンがとてもおいしく、子どもたちに大好評。ある日、朝の集まりのときに、3歳児のりょうこちゃん（仮名）から、「イチゴプリンを作ってみたい」と、みんなに提案がありました。ほかの子どもたちも大賛成で、さっそくりょうこちゃんを交えたクラスの代表が、調理のスタッフに作り方を聞きに行きました。レシピは、スタッフが書いてくれたので、それをもとに、後日材料はどうするかという話し合いが行われました。はるおちゃん（仮名）が家庭で、「材料は、スーパーに売っている」と聞いてきてくれたので、スーパーに値段調べに行くことになりました。

クラス全員で行くには人数が多すぎるので、特に行きたい人でじゃんけんをし、勝った6人が値段調べに。ひと口に砂糖や牛乳といっても、その種類の多さにびっくりです。

まずは、商品の写真を撮ってきて、それを掲示しながら、みんなで話し合いました。「なんで、茶色と白の砂糖があるんだろう？」などと、次々に疑問が生まれてきました。

## 何を使えば、最高のイチゴプリンができる？

あまりにも種類が多く、どの砂糖や牛乳がイチゴプリンに適しているのかわかりません。保育者が「食べ物って、どうしたらおいしいって感じるの？」と、子どもたちに聞いてみると、「匂いをかぐ」「色でおいしそうって、わかるときもある」「口に入れて、おいしいと思うこともある」など、たくさんの意見が出ました。

そこで、まずは、味比べをして材料を決めたいと、子どもたちからの提案。数が多くて全部の種類は買えないので、写真の中からおいしそうだという声が多かったラカント、上白糖、三温糖、きび糖、てんさい糖の5種類を買って

環境のPoint

### 値段調べを写真で掲示

スーパーで調べてきた牛乳、砂糖、ゼラチンの値段を、写真とともに掲示。

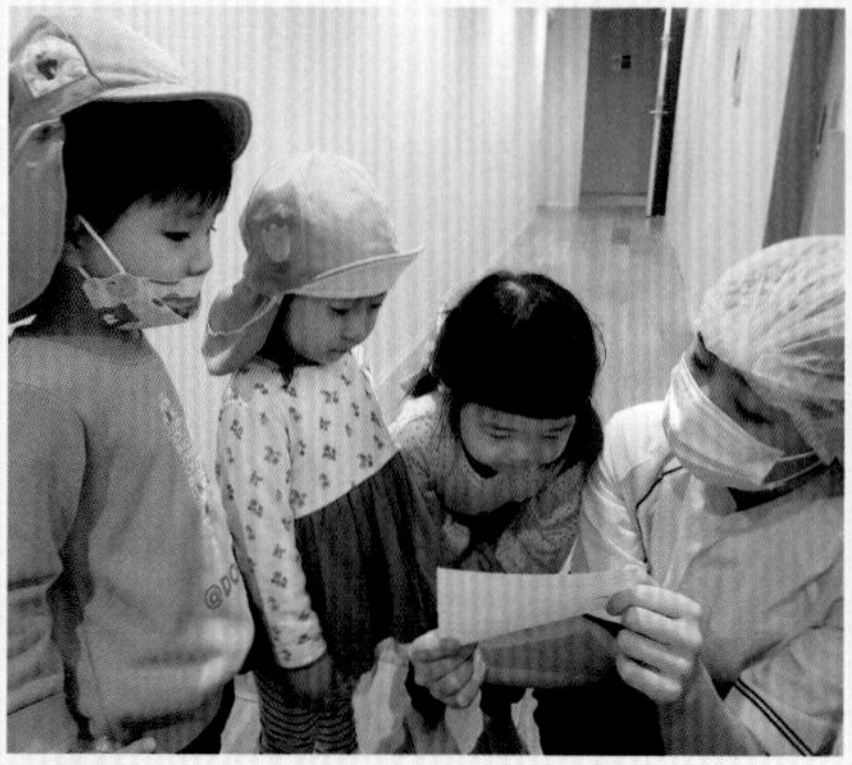

環境のPoint

### 調理スタッフに聞きに行こう！

調理室とも日頃から連携。子どもたちの姿を共有して、協力してもらえるようにしている。

**レシピを手に入れた！**

調理スタッフが書いてくれたレシピ。

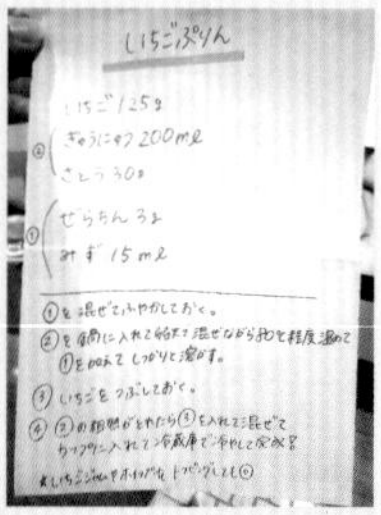

きました。

　味比べをしてみると、同じ砂糖でも少しずつ味が違います。ラカント一つでも、「口に入れたとき、少し冷たい感じがするから、冷たいイチゴプリンにはぴったり！」「冷たいから、火にかけても温かくならないんじゃない？」など、さまざまな意見が。イタリアンレストランのシェフをしているお父さんから「砂糖は、冷たいときと、温かいときでは味が違う」と聞いたと報告をしてくれる子もいて、水に溶かしてみたり、お湯に入れてみたり。また、調理スタッフから「冷やすと、また味が変わる」と聞いて、そのたびに味比べをしてみました。子どもたちからは、「ほんとに、味が変わる！」「砂糖によって、色も匂いも違う！」など、さまざまな感想が出ました。

　イチゴプリンよりも砂糖への興味が強くなって、沖縄に家族旅行に行ったときにサトウキビ畑を見に行こうと考えた子どもも現れました。

　別の日に牛乳の味比べもしましたが、「これは、園で給食に出る牛乳と味が似ている」「こっちは、チーズみたいな濃い味がする」「名前に『おいしい』が入っているから、絶対おいしい」……。これもいろいろありすぎて意見がまとまりません。

　最後に出た意見は、「みんな混ぜたら、いちばんおいしくなると思う」。実験をしてみると、ほんとうにまろやかな優しい味の砂糖やコクのある牛乳になりました。

　この間、砂糖や牛乳を何回か買いに出かけました。最初のときは、みんなが行きたがって、じゃんけんで行く人を決めていましたが、後半になると、「〇〇ちゃんは、計算が得意だから」「△△ちゃんは、頑張っていたから」など、買い物に行く人を話し合いで決めるようになっていました。

　幸いクラスに牛乳アレルギーをもっている子どもはいませんでしたが、牛乳があまり得意でない子どももはいます。そういう子にも無理強いせず、「飲んだらどんな味か教えてあげるから、どの牛乳がいいか、一緒に考えようね」などと、友達が楽しく参加できるよう考える、子どもたちの姿もありました。

**イメージを絵にしてみる**

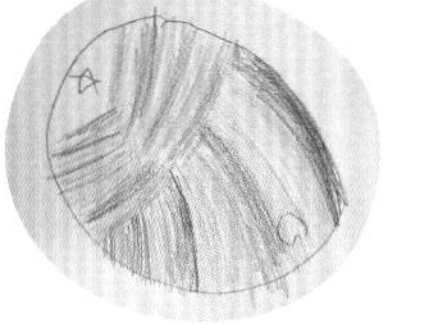

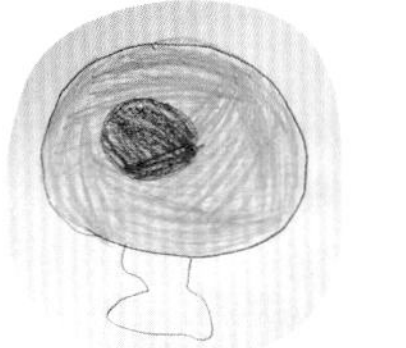

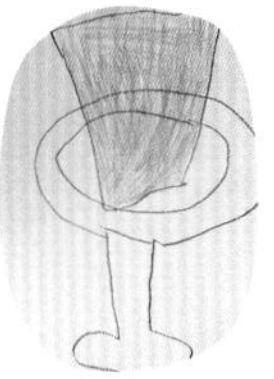

絵をかくのが好きな子どもたちは、「こんな形にしたら？」と、イチゴプリンの形（右上）、味（左）や冷たさ（右下）などを自分なりのイメージで絵にして表現しだした。

**全部でいくらかかるかな？**

買い物に行くために、いくらかかるのか計算する子どもたち。「足す」を理解して、計算機を使えるようになった。重さに興味がわいて、グラム数をはかることが得意になった子も。

環境のPoint

### はかりや計算機も使えるように

イチゴプリン作りを通して、物をはかることや値段の計算に興味をもつ子も。そのため、いつでもはかりや計算機を使えるようにした。

環境のPoint

### イチゴプリンコーナー

おままごとコーナーの横には、イチゴプリンコーナー。砂糖は種類ごとに瓶に入れ、牛乳やゼラチンは、空きパックを置き、いつでも手に取れるように。その下の棚には、イチゴプリンに関する今までの活動をファイルして、好きなときに振り返られるようにした。砂糖の瓶は、空けて中身をなめないように約束。瓶の中で砂糖が固まる様子に注目する子どももいた。

## イチゴプリン作りの日に向けて

園の近くのスーパーには粉ゼラチンしか置いてありませんでしたが、「板ゼラチンを見つけたから、買ってきた」と保育者からのサプライズ。実験をしてみて、粉ゼラチンだけだと「ゼリーみたい」、板ゼラチンだけだと「軟らかすぎ」と感じた子どもたちは、ゼラチンも粉と板を混ぜて使ってみることにしました。

さまざまな実験を繰り返すうちに、季節はもう秋。「イチゴが、お店からなくなった!」と、子どもたちから報告が。もう、イチゴがたくさん出回る季節ではなくなったのです。店頭に少しあるのは、高い外国産。「お母さんが、安くなる旬の時季に買うのがお得って、言ってた」と言う子もいて、イチゴプリンは、イチゴが出回るようになる12月1日に作ることに決定しました。

そのころの集まりで、「お迎えに来るお母さんやお父さんにも振る舞いたい」と、子どもたちから提案が。最高のイチゴプリンを保護者にも味わってもらいたいと言うのです。

そこで、12月1日に、プリン屋さんを開くことが決まりました。

それからは、「ついに、プリンを作る日が決まった!」と目標をもって、計画を立てる子どもたちの姿がありました。「もしかしたら、お母さんやお父さんにも、牛乳やイチゴが苦手な人がいるかも」と、お迎えにくる保護者に大丈夫かを尋ねてチェック表に記入していきます。

プリンを入れるカップも作ろうということになりました。底に子どもの写真をはり、ふちを触らないように上からラップをかぶせ、輪ゴムで留めたカップを渡すと、一人一人が側面に思い思いの絵をかきます。「パパは、○○が好きだから」など、語り合いながらのひとときとなりました。牛乳が苦手な保護者のカップにはマークもつけ、「プリンはひと口にして、後はイチゴを入れよう」などと、話し合いもしていました。

11月30日には、クラス全員で材料の買い出しに行きました。お店を3軒回りましたが、それぞれのお店で数人の子どもが店内に入って買い物。ほかの子どもたちは、近くで待っています。お店に入った子どもたちは、「任せられた」という少し誇らしい気持ちで、慎重に品物を選びます。帰りは、休み休みですが、自分で持ちたいと荷物持ちを頑張りました。

## いよいよイチゴプリン作り

当日は、朝から「もうエプロンを着けていい?」など、待ち遠しくてたまらない様子の子どもたち。まずは、5種類の砂糖をはかって混ぜていきます。イチゴプリンを作るとなってから、重さに興味をもち、あそびの中でいろいろな物をはかって経験を積んできてい

ゼラチンが固まった!

粉ゼラチン、板ゼラチンをそれぞれ固める実験。「ゼラチンは、お湯のほうが溶けやすい」「種類によって、色や感触、匂いが変わる」など、集まりのときにそれぞれの子どもが気づきを報告。

思い思いの絵をかいて、それぞれの子がプリンのカップ作り。

いざ買い物!

砂糖や牛乳などの買い出し。みんなで決めた商品を選ぶ。

みんなで協力し、交替しながら、7パックのイチゴをつぶす。

る子どもが、器用に量を調整しながらはかります。３種類の牛乳をブレンドする子、ゼラチンを水でふやかす子、イチゴをマッシャーでつぶす子、それぞれの役割を楽しみます。砂糖と牛乳を火にかけた後、最後にバットに入れました。ほんとうに固まるか心配していた子どもたちですが、調理スタッフが冷蔵庫から持ってきてくれたバットを見たとき、子どもたちの顔が輝き、歓声が起きました。

イチゴプリンを味わった子どもたちは、口々に「イチゴがつぶつぶしていておいしい！」「トロトロだ！」。お迎えの時間、保護者や保育者、そしてお世話になった調理スタッフにも振る舞い、大満足の１日でした。

## その後の子どもたち

イチゴプリン作り後も、子どもたちのプリンに関連した興味・関心はつきません。数に興味をもち、はかりや計量カップで、いろいろな物の量を調べる子、栄養に興味をもち、給食のときに出てきたカボチャを見て「栄養があるんだよ」と話す子や、食材には旬があることを知り、散歩でお店の前を通ると、並んでいる果物を見て「リンゴの季節だねえ」と話題にする子……。ゼラチンでゼリーができることがわかり、リンゴを入れた昆虫用ゼリーを作ってカブトムシに与える子も。イチゴプリン作りで、さまざまな経験をした子どもたちの学びは、大きく広がっています。

おいしい！

自分たちで作ったプリンに、感激！

保護者も試食

看板などもやりたい子どもが作成。保護者からも、「とてもおいしかった！」と、コメントがたくさん寄せられた。

## 実際に買い物をする経験から得るもの　妹尾正教

この事例では、実際に自分たちで買い物をしています。「買い物をする」という１つの行為の中には、何が必要かを自分たちで考えたり、値段の計算をしたり、何よりも実物を見て買い物を経験するなど、子どもにとって貴重なたくさんの経験が含まれています。また、イチゴが店頭から消えたことで、旬や季節をも感じることができました。何種類もの砂糖や牛乳を買ってきて味比べをしながら、同じ砂糖や牛乳として売っているものでも味が違ったり、温度などで味が変わったりするということも学びました。

このクラスは、次にどんぐりクッキーを作るそうですが、この経験がどんぐりクッキーにも活きてきそうです。

実のところ、こういう試行錯誤には材料費がかかります。園で保育材料費に使える予算には限りがありますから、当初は、このような材料費を捻出するために、園の財政の見直しから始めました。そして、なぜその活動にお金が必要か、保育者も子どもも他者を納得させるためにプレゼンテーションをすることになっています。

仁慈保幼園

きういグループの事例より

# 草花の興味・関心から広がるあそび

**春の園庭で、思い思いにあそびを楽しむ子どもたち。その中の「気づき」や「思い」に保育者が寄り添い、一緒に探究することで、子どもたちの活動は大きく広がっていきました。**

## 色水あそびから広がる興味

色とりどりの花が園庭を飾る春。きういグループの子どもたちも春の園庭でのあそびを楽しんでいます。中でも人気なのが色水あそび。きれいな花から色が出ることに魅力を感じ、思い思いに色水作りに取り組みます。仁慈保幼園では、誰かが大切に育てている草花以外は自由にあそびに使っていいことになっています。

そんな中、園庭に落ちていたアンズの実で色水を作った5歳児のようたちゃん(仮名)。いい匂いのするアンズの色水に、「先生、これ飲めるかな!」と目を輝かせます。保育者は飲めないことはわかっていましたが、「どうだろうね? 誰に聞けばわかるかな?」と問いかけます。

「給食室の先生に聞けばわかるかも!」。早速、給食室に質問に行きます。答えはやっぱり「NO」。でも、きれいな水とよく洗ったアンズを砂糖で煮込めば飲めることを聞いたようたちゃ

子どもたちが作った色水を窓辺に飾って。

いい匂いが するよ

アンズの実の色水はとってもいい匂いがすることを発見。

手作りコップで ジュースが飲みたい!

保護者も参加してくれたイチゴジュース作り。

オーブン粘土で器作り。

完成!

環境の Point

**興味を広げる押し花のコーナー**

子どもたちが興味をもっていることを環境に取り入れて。子どもたちの姿に合わせてコーナーも試行錯誤してみる。

ん。集まりの時間にみんなに報告します。しかし、ようたちゃんたちはアンズジュースを飲めなかったのが、残念だったようで、「何か飲めるものを作りたい」との声が挙がり、ジュースの本を一緒に調べながら、イチゴジュースを作ることに決定しました。

## ジュースを入れる器も作りたい

ジュースを作るにあたって、「ジュースを入れるコップも作りたい」と意欲満々の子どもたち。

まずは、いつも親しんでいる油粘土で作ってみます。水を入れてみると、ぶくぶくぶくっと泡を立て、水は全部もれてしまいました。続いて紙粘土。形を作って乾かしてから慎重に水を注いでみるものの、時間がたつと紙粘土が溶けて、こちらも失敗。「オーブン粘土ならできるかも」、以前、オーブン粘土を経験した子が提案し、検討した結果、作りたい子が器を作ることになりました。

粘土などの性質を実体験してほしいという保育者の思いもあり、どの粘土を使ったらよいかはあえて伝えず、子どもたちの試行錯誤を見守りました。

また、イチゴジュース作りでは、「一緒にやりませんか」と保護者に手紙を出して、参加を募りました。保護者を保育に巻き込んで、ともに子どもを育てるパートナーとなってもらうことも意識して活動を進めていきました。

## 花の匂いに注目！

アンズの実の香りから、「花って、いろんな匂いがする！」と匂いに注目する子が出てきました。４歳児のちかちゃん（仮名）がおうちからラベンダーを持ってきたことをきっかけに、ドライハーブ作りが始まります。ほかの子も、家からハーブや花を持ってきて、匂いを比べて楽しむ姿が見られるようになりました。

ローズゼラニウムは「すごくいい匂い」「レモンの匂い」、ミントは「シャワーの匂い」「メロンの匂い」など、それぞれの香りを言葉で表現して伝え合います。

保育者はもっとハーブへの興味が深まるといいなと考え、ハーブの本を準備しました。その本に載っていた匂い袋、匂い枕などを見て、「作りたい！」と子どもたち。針と糸を使って袋や枕のカバーを縫い、綿とハーブを詰めます。出来上がった物に鼻を当てて、「いい匂い〜」と満足げな子どもたちでした。その後、布かばんを作ったりする姿もあり、物づくりへの自信も育まれていったようです。

なんの匂いだろう？

お昼寝の枕を匂い枕に

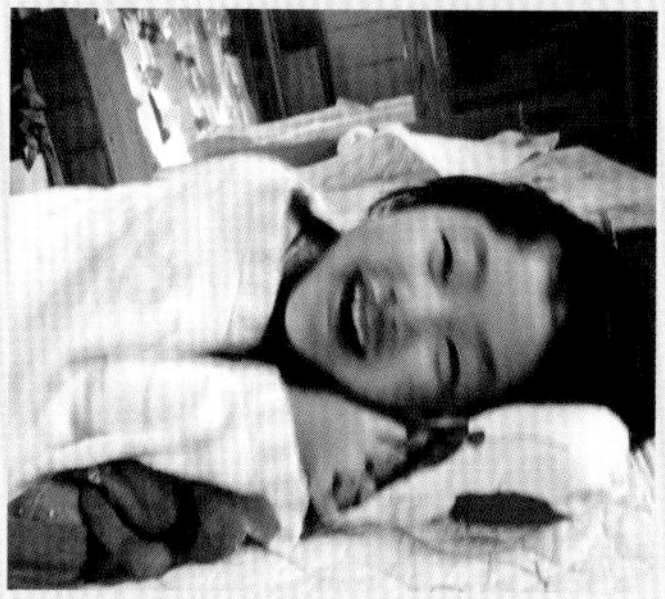

「匂いのするところと、しないところがある」と枕の香りを楽しみながらお昼寝。

部屋のあちこちにハーブをつるしてドライハーブ作り。

興味は色水から香りへ。ラベンダーの匂いを楽しんだり、観察したり。

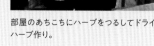

## 匂いへの興味から石けん作りへ

ハーブへの興味はどんどん深まり、ハーブ石けんという物があるということを知った子どもたちから、「いい匂いのする石けんを作りたい」と声が挙がりました。

石けんを作るには、石けんを削って高温で溶かして固めて作るということを調べ、早速チャレンジ。石けんを削って泡の感触を楽しみつつ、ハーブをちぎって入れたり、ハーブエキス（お湯にハーブを入れた物）を入れたりして匂いをつける実験に取り組みます。

ところが、出来上がった石けんからは、思ったような匂いがしません。「どうやったら匂いがつくんだろう」「ハーブエキスだけ入れたらいいんじゃない」など意見を交わしつつ、疑問は深まります。

そんな子どもたちの様子をドキュメンテーションで発信していたところ、かのんちゃん（仮名）のお父さんが石けん工場で働いていると、保護者から報告がありました。子どもたちは「かのんちゃんのお父さんに作り方を聞いてみよう」「石けん工場に見学に行きたい」と大興奮！ 集まりでは、みんなで話し合い、「石けんにはどうやって色をつけるんですか」「匂いをよくつけるにはどうしたらいいですか」など、工場見学で聞きたいことを紙に書いてまとめました。

そして、いざ工場見学へ！ 工場見

あわあわ〜

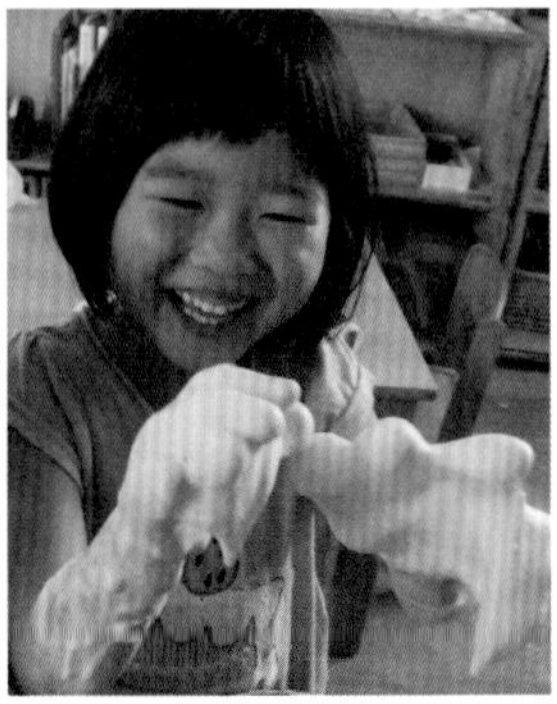

削った石けんを泡立てて絵の具を入れて感触を楽しむ。

材料を混ぜて形に。うまくできるかな？

完成したハーブ石けん。でも、あまり匂いがしない……。

聞きたいこと いっぱい！

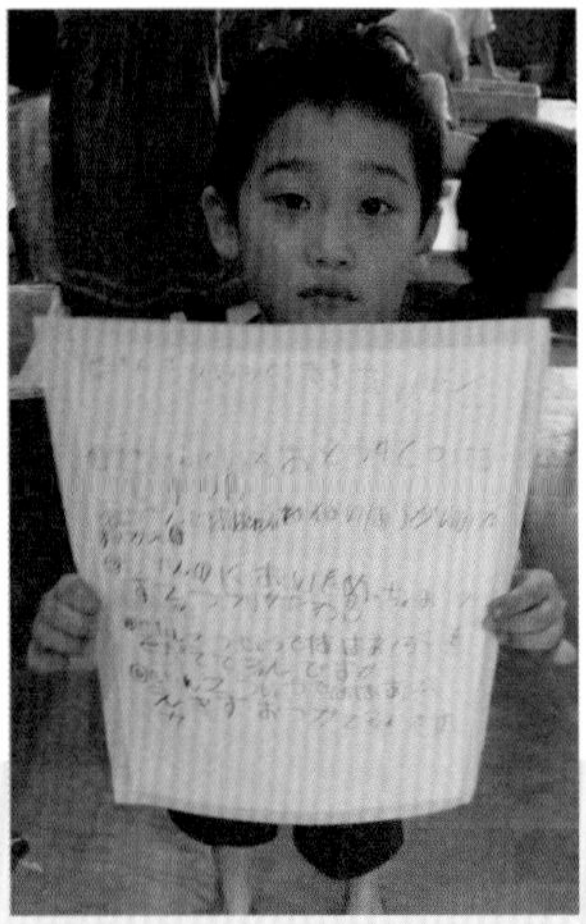

工場見学で聞きたいことを話し合って書き出した。

石けん作りに再挑戦。石けんにアロマオイルを混ぜて。

完成！

匂いと色のついた石けんがようやく出来た。

環境のPoint

**保護者・地域とつながる**

子どもたちの疑問が園内だけで解決しないときは、保護者や地域の専門家の力を借りるのも一案。

学では石けん作りの工程を説明してもらい、子どもたちは聞きたかった疑問をぶつけます。すると、「匂いをつけるには香料を使う」「色をつけるには食紅を使う」「ハーブは匂いが壊れるから入れないほうがいい」ということがわかりました。

疑問が解決した子どもたち。石けん作りに再挑戦です。アロマエキスと食紅を使って、ようやく匂いのする石けんが完成し、満足気な様子でした。

## 匂いへの探究は続く

10月、近くのショッピングセンターで、アロマ入浴剤とアロマスプレー作りの体験会があり、家族で参加した子どもたちがその様子を園で報告してくれました。すると、ほかの子も「アロマのお風呂に入りたい」ということになり、アロマを入れた足湯を楽しむことになりました。

そこから、保育者が「こんなのもあるよ」と入浴剤を紹介。「作りたい！」と入浴剤作りもスタートしました。重曹やクエン酸など、材料を調べて子どもたちと一緒に買いに行きます。材料を混ぜて袋に入れ、ぎゅっぎゅっと手で押さえて形を整えていきます。子どもたちは思い思いに、中にハーブを入れたり、ビーズを入れたりして、その工程を楽しんでいました。

せっかく作った入浴剤。おうちだけでなく、園でもみんなで溶かして楽しみたいという子どもたちの思いに応え、ライトテーブルの上で溶かしてみることにしました。色と光と香りの世界を十分に堪能した子どもたちでした。

色水あそびから、ジュースやハーブ作り、器作り、そしてハーブの香りがする石けん作りなど、アンズの実の匂いに気づいたことから、さまざまな匂いに関するあそびに広がりを見せました。いつも活動を支えてくれた保護者の存在も、とても頼もしかった事例です。

環境のPoint
**いつでも取り組めるように**
アロマスプレーや入浴剤の材料をそろえたコーナーを作った。

きれい！
いい匂い！

水をはったライトテーブルの上に入浴剤を溶かしてみた。

## 多様な広がりを許容する　妹尾正教

個々のあそびが活発になってくる3・4・5歳児クラスでは、「集まり」の時間での情報共有が欠かせません。「集まり」の時間には、「今日はこんなことがおもしろかった」「どうしてだろう？」「こんなことで困っている」など、さまざまな感想や疑問、解決策を求める声が挙がります。対話をすることで、「おもしろそう」と、あそびに加わったり、新たなことを思いつく姿がたくさんあります。年上から年下の子に経験が伝わるという側面もあります。対話の中で質問が出て、それに対する答えを考えるということは、問題解決能力も育つということです。

この事例では、匂いというトピックから匂い枕やかばんを作る活動にまで広がりを見せています。一人一人の子どもの活動に対するベクトルは違いますが、最終的には石けん作りに集約します。それぞれの活動で得た満足感が、次の活動への原動力です。試行錯誤をしながら探究していくのが本来の学びの姿ですから、それができる環境を保障していくことが大切です。

多摩川保育園

園庭活動の事例より

# 夏だからこそ 五感をフルに活かす

**多摩川保育園では、2015年から夏のプールあそびをやめ、水を使って五感をフルに活かせる活動をするようになりました。その背景にある考え方や、実際に行われている活動をご紹介します。**

## プールあそびにとらわれず、多様な環境をデザインする

仁慈保幼園では、1年を通して室内・室外を問わず、子どもたちそれぞれが興味をもっているコトやモノに向き合える環境を大事にしています。その中で、子どもたちのあそびは季節に関係なく続き、発展していきます。それなのに、夏になると継続しているあそびを中断し、プールあそびをするのがよいのかと前々から疑問をもっていました。

とはいえ、子どもの側からすると、水にふれるということは大事なこと。また、夏は開放的に水を使ったあそびができる時期でもあります。せっかく、子どもがぬれてもよいという服装で来ているこの時期、園庭で五感をフルに使えるさまざまな水あそびを提案していくほうが、プールあそびよりいろいろな角度からのアプローチができるのではないかと思っています。

また、園での死亡事故の割合を考えたとき、プールでの事故が最も多くなっています。リスクが高い活動を、あえて園で就学前にする必要があるのかという思いもあります。

多様な素材や水にふれながら、子どもの興味がより広がったり、深まったりするアプローチをしたいと考えています。

## そのときの子どもの姿に夏に経験してほしいことをプラス

多摩川保育園では、毎年、6月ごろに、水にふれたり、水そのものが楽しめたりする夏のあそびをどう展開していくかという会議を開きます。まずは、ドキュメンテーションなどの記録を基に、そのときの子どもの姿を書き出し、保育者が子どもたちに経験してほしいことも織り込んだあそびを考えます。

環境のPoint

### 室内のあそびを園庭のあそびにつなげる

4月ごろ、それぞれの3・4・5歳児クラスでは、積み木などで玉転がしの台を作ってあそぶ姿があった。そこからつながるように、水あそびでも玉転がしのようなあそびができないかと「水流し装置」のコーナーを作ることにした。

環境のPoint

### コーナーの配置図

あそびがつながりそうなコーナー同士をそばに、ほかのあそびを邪魔しそうなものは遠くにするなど配置も工夫。

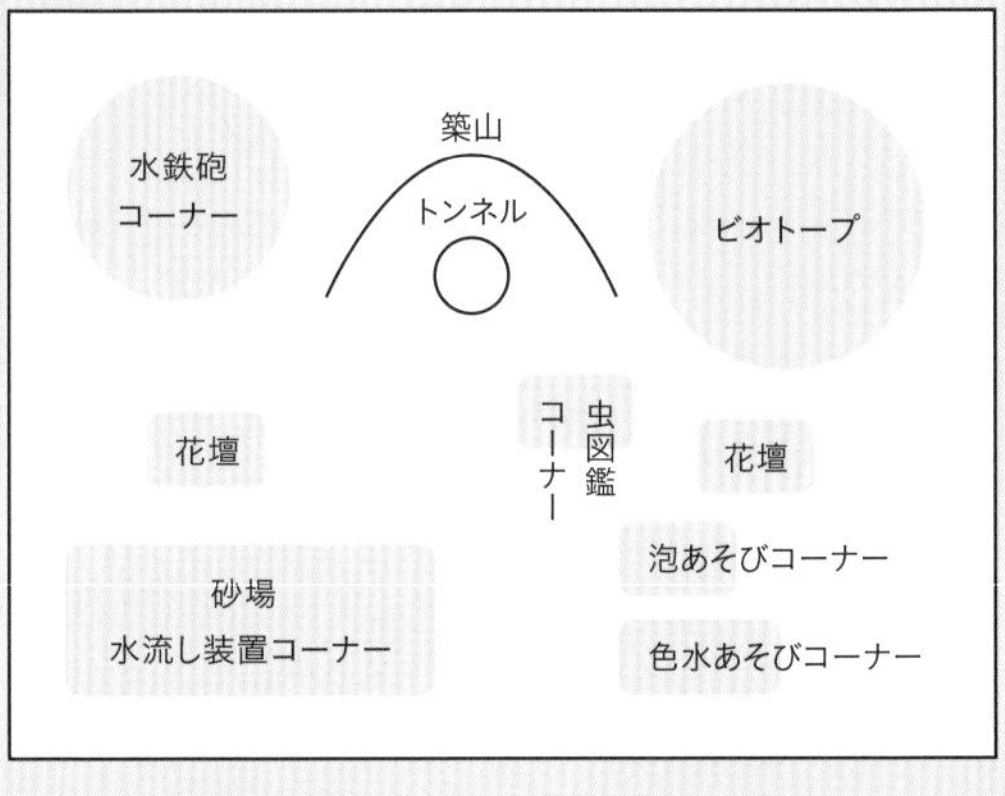

その結果、園庭には室内のコーナーのようにさまざまな活動が展開し、子どもたちはその中から興味・関心のあることを見つけてあそび込みます。

## 室内のビー玉転がしあそびから ダイナミックな水流し装置へ

4月から、3・4・5歳児クラスでは、室内で積み木などを並べてビー玉転がしをするあそびがはやっていました。

3歳児は、進級してはじめての夏。そこで、園庭でもビー玉転がしのような環境を作れば、3歳児も4・5歳児と一緒の水あそびにすんなりとなじめると考えました。さらに、外だからこそのダイナミックなあそびも経験してほしいと、雨どいや砂山を使った大型の「水流し装置」の準備をしました。

水あそびが始まる前から、砂場では川を作って水を流したりしてあそんでいる姿があったので、砂場の近くに場所を決め、はじめは水を流してあそぶことを楽しめるように、保育者が雨どいなどを使って簡単な傾斜を作りました。

子どもたちは、この水流し装置が気に入ったようで、次からは昨年も「水流し装置」を経験した5歳児を中心に、傾斜を考える姿がありました。友達と話し合いながら、もっとおもしろい装置にしたいと試行錯誤を重ねます。

そこで、雨どいも普通の長くて茶色の物だけでなく、透明なアクリル製の短い物を用意して、子どもでも扱いやすく、水の流れがより美しく見えるようにします。また、土台に使える発泡スチロールの箱を用意しました。

毎回、傾斜を工夫したり、雨どいをつなげてコースを長くしたり、さまざまな工夫が見られました。

## 流す物にも 子どもたちのひと工夫

「水流し装置」に何を流すか？ 海の生き物に興味をもっている子どもがいたので、アイロンビーズの魚を作ったり、毛糸を用意して流しそうめんごっこができるように、子どもたちと準備しました。特に子どもたちに人気があったのが、カプセルトイの透明なカプセル。はじめはカプセルが傾斜を転がることを楽しんでいましたが、「もっと早く転がるようにするには？」と、考え出す子が出てきました。ここちゃんとともちゃん（仮名）は、「中に水を入れたほうが、うまく転がる！」と、カプセルを重くすることで、転がり方が変わることに気づきました。また、いっちゃん（仮名）は、ペットボトルで汲んだ水を勢いよく流すと、カプセルが早く転がることに気づいたようです。

それぞれの子どもが、あそびの中でさまざまな工夫をくり返し、水の性質や水と重さの関係などを学んでいきました。

雨どいをしっかり固定させるには、どうしたらいいか？ 下の砂を掘れば固定できるのではないかと、試行錯誤。

水を入れたほうが うまく転がる！

カプセルには、水を入れたほうがよく転がることを発見！ あそびの中にさまざまな気づきがある。

水が多いと 早く流れる！

環境の Point

**さまざまな素材を用意**

子どもたちが自由に「水流し装置」を組み立てられるよう、箱や雨どいなど、さまざまな素材を用意。

## 水鉄砲での さまざまな試行錯誤

砂場の奥には、水鉄砲あそびのコーナーが。水鉄砲を楽しみにしていた子どもたちは、前日から紙パックで水鉄砲を作り、的にする絵をかいたペットボトルを用意していました。

紙パックの水鉄砲は、パックの横腹に小さな穴を開けてストローを通し、ガムテープで固定した物。パックをぎゅっと押すと、ストローから水が出ます。

ペットボトルの的は、いろいろな大きさの空のペットボトルに絵をかき、発泡スチロールの箱の上に並べました。

ところが、いざペットボトルを倒そうとしても、水鉄砲の水の勢いが弱く、的が倒れません。「みんなでやれば、倒れるかも」と、そこにいた子どもたち全員で1つの的をねらいますが、的はびくともしませんでした。「そうだ！雨どいを使えば、ペットボトルが倒れるかも」と、砂場で使っていた雨どいを持ってきて勢いよく水を流してみると、大きな2ℓのペットボトルも倒すことができました。勢いよく水を出せる水鉄砲を作れば、ペットボトルが倒れるのではないかというのがこの日の結論でした。

次の日、保育室では、クラスを超えて「どうしたら、的が倒れるんだろう？」という話し合いが始まりました。「紙パックじゃなくて、ケチャップの入れ物を水鉄砲にする」「紙パックは、上にも穴が空いているから、1つの穴の水鉄砲にすれば空気が抜けない」など、水鉄砲の素材や作り方を変えればいいという案のほかに、「的にしているペットボトルを逆さまにしてみたら」という的を変える案まで、さまざまな意見が出ます。そこで、再び自分たちの考えた水鉄砲を作り、ペットボトル倒しに挑戦。確かに、ペットボトルを逆さまに立てると、2ℓのペットボトルでも、見事倒すことに成功です。また、穴が1つの水鉄砲は、水が勢いよく出て、遠くまで飛ぶこともわかりました。

それからも、「やっぱり紙パックの水鉄砲が作りたい」と挑戦する子、3歳児が難しい作業は、「ぼくがやってあげるよ」と手伝う5歳児など、さまざまな子どもの姿が見られました。

ケチャップなどの容器を水鉄砲にしてみると、水の勢いが増す。穴が1つで空気が漏れないことが大切と気がついた。

ペットボトルを逆さまに立てると、紙パックの水鉄砲でも倒れることがわかった。

**環境のPoint**

### 試したいときにいつでも試せる環境

園庭でのあそびに使う水鉄砲だが、新しいアイディアを思いついたらすぐに作ることができる環境が保育室にあることも大事。

う〜ん。思ったように倒れない……。

紙パックの水鉄砲でも、的は簡単に倒れるかと思っていたのに、予想が外れて、ちょっとがっかり。

## 色彩を楽しむ色水あそびコーナー

花や野菜を使った色水あそびなど、毎年さまざまな色水あそびをしていますが、この年の色水あそびは食紅で、赤、青、黄色の色水を作って楽しみました。食紅で作った色水は透明度が高く、子どもたちにも好評。それぞれがお皿の上にスポイトで、自分の好きな色を調合していきます。色水コーナーの近くには、色の表が掲示してあり、自分の気に入った色を作ると、その色の表と見比べて「スカーレットっていう色に似ている」など、名前を調べる姿もあります。

自分の好きな色が作れた子どもたちは、その色水をかさ袋に入れ、１つの作品として仕上げていました。同じ緑でも黄色と青の量の違いで、いろいろな緑を作って楽しむ子も。また、友達と２人で両側から透明のホースに違う色の色水を入れて、色が混ざり合う瞬間をうれしそうな様子で観察する姿もありました。楽しみ方はいろいろですが、微妙な配合で色が変わることをおもしろがり、さまざまな色作りに挑戦していました。

## じっくりと泡作りをして、感触を味わう

環境をつくるにあたっていろいろな水あそびを調べていた保育者が、クリームのようにきめ細かい泡作りを子どもたちに提案してみました。石けんをおろし器で削り、少しの水で撹拌していくと、本当にきめの細かい泡ができます。「ぬれている石けんより、乾いているほうが、おろし器に石けんのカスがつかない」と、教えてくれる子も。それぞれが作る泡は、よく見ると微妙に固さが違うことに気づく子も出てきました。「私のは、とろとろ。ちなつちゃん(仮名)のは、もこもこだね」などと、感触を比べ合う姿もありました。

色水あそびで経験した、色を混ぜて自分の好きな色を作る経験を活かし、それぞれが自分の泡に色を付けることもしました。中には、「泡を凍らせると、どうなるか?」と疑問をもつ子もいて、冷凍庫で凍らせる実験をしてみました。凍らせても、泡はふわふわ。また、冷蔵庫で冷やしてみようという子もいて、「冷やしてから泡立て器で混ぜるほうが、もっとクリームみたいになる」という発見がありました。

カップにいろいろな色の泡ができると、お店屋さんも始まります。「イチゴジュースはいかがですか」「パフェもありますよ」と、あそびが発展していきました。

パフェを作ったよ！

白い泡に、園庭にある草や実をトッピング。

環境のPoint

### 泡あそびの道具を用意

石けんや水などの材料のほか、おろし器、ボウル、泡立て器、泡を入れるさまざまな容器を十分に用意することで、あそびが広がる。

色が混じるところが見えるよ！

透明のホースの両側から色水を流すことで、水が混じる瞬間を知ることができる。

環境のPoint

### 色の名前の表を掲示

色の表を掲示することで、色の名前や微妙な色彩の変化に、より関心をもつように。

## 子どもたちの気づきを1冊に

### 虫図鑑作り

夏の園庭は、水あそびばかりではありません。夏には、さまざまな虫が園庭を訪れ、虫の大好きな子どもたちもたくさんいます。しかし、子どもたちの間で、虫を捕まえるだけだったり、おもちゃのように触って終わりだったりする姿も見られました。もしかしたら、虫の生態や飼い方などの知識を増やしていくことで、虫の命を大事にしていくことにつながっていくのではないかと、ビオトープの近くに虫図鑑コーナーを作ってみました。

虫図鑑は、子どもたちが見つけた虫や気づいたことを記入し、それをファイリングしたものです。ほかの子どもが発した言葉も書き入れるようにし、虫図鑑を介して子ども同士や子どもと保育者の間で対話が生まれたらよいなと考えました。

自分で捕まえた虫が写真や記録に残ると知った子どもたちは、虫探しに一生懸命。どうやって捕まえたかを記入する欄に書かれた捕まえ方などを見て、互いに捕まえ方が上手だということを認め合う姿も。また、どこで捕まえたかを話すうちに、ダンゴムシなら葉っぱの多いところなど、虫の多くいる場所もわかってきました。手作りの図鑑と本物の図鑑を見比べて、「これは、アブラゼミだ」など、虫の名前や種類に興味をもつ子もいます。虫図鑑作りを通して、虫に対する子どもの興味・関心が広がっていきました。

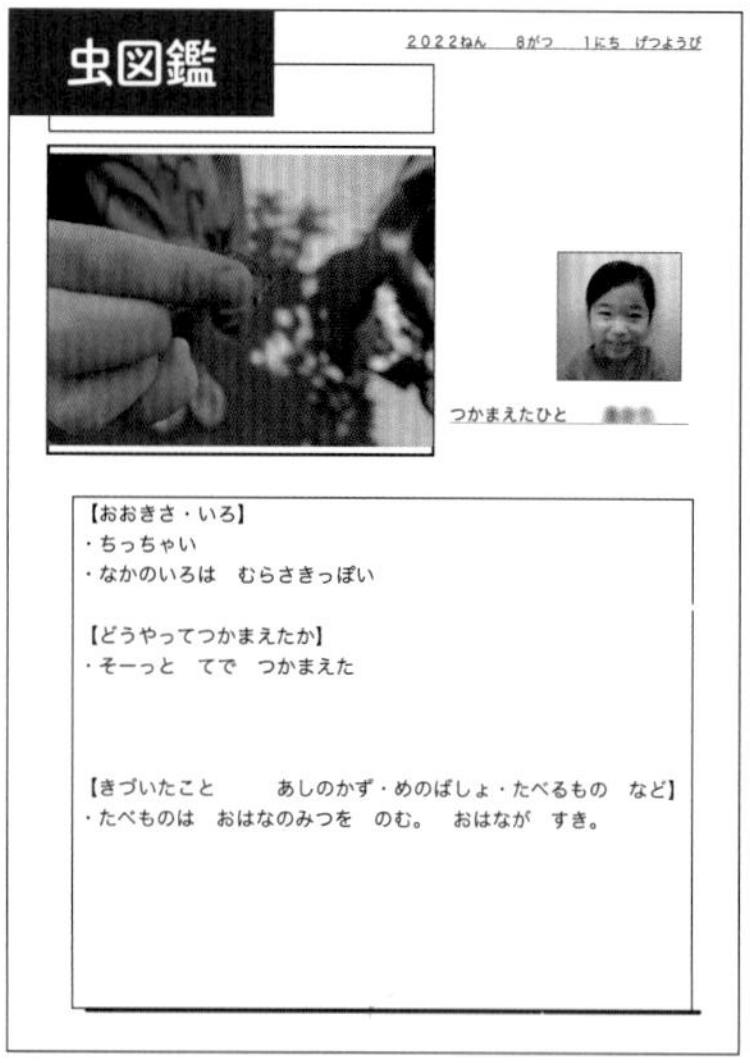
虫図鑑

2022ねん　8がつ　1にち　げつようび

つかまえたひと

【おおきさ・いろ】
・ちっちゃい
・なかのいろは　むらさきっぽい

【どうやってつかまえたか】
・そーっと　てで　つかまえた

【きづいたこと　　あしのかず・めのばしょ・たべるもの　など】
・たべものは　おはなのみつを　のむ。　おはなが　すき。

虫や捕まえた人の写真、どうやって捕まえたか、どんな様子かを記していく。

小さなシジミチョウも、そっと扱うように。

環境のPoint

**虫図鑑ファイル**

1冊のファイルにして、情報をみんなで共有することで、対話が生まれる。

## 夏だからこそ、ダイナミックな外あそび　妹尾正教

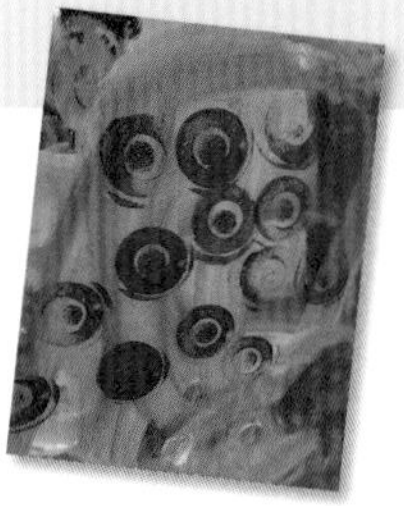

夏は、この時季のメリットを最大限に活かし、さまざまな園庭あそびをくり広げます。子どもたちもぬれたり、汚れたりしてよい服装で登園してきます。

毎年、いくつかのコーナーを作りますが、水鉄砲ではなくウォータースライダーだったり、色水あそびが染め物のときもあれば、自然物の色水あそびだったりします。その年の子どもの姿や、保育者が子どもに経験してほしいと願うあそびを取り入れています。

52ページにもあるとおり、プールあそびをしなくなったことで、あそびや経験の幅が広がったように感じます。

あそびの環境を構成するときに大事にしているのは、そのときの室内でのあそびと室外でのあそびの、つながりをもたせるということ。ただ発散するだけのあそびでは、終わらせたくないという思いもあります。できれば、夏前の活動が、夏ならではの外あそびでの経験につながり、広がったり、深まったりしていくことを願っています。

# ごみへの興味から、SDGsへ

世田谷仁慈保幼園

きうぃグループの事例より

**「生ごみからどうやって肥料を作るのか?」。そんな疑問から、子どもたちの興味・関心は、ごみの分別やリサイクル、そして、SDGsへと広がっていきました。地域の施設を活用して子どもたちの探究が深まっていく事例です。**

## 肥料を作るには生ごみが必要?

8月。季節ならではの植物をという思いから、保育室にホオズキを飾りました。珍しい色と形に興味をもった子どもたちが、図鑑を片手に集まります。「これって、なんだろうね?」という声の中、実験好きなゆみちゃん(仮名)が、早速、実を取り出して中身を確認。種がたくさん入っているのを見て、いっちゃん(仮名)が「この種を育てられないかな?」。家でトマト作りをしているといういっちゃんは、作物を育てるには肥料が必要なことを知っていて、「肥料も作り出せないかな?」と、「集まり」の時間にみんなに相談しました。すると、両親がコンポストに興味をもっているというはーちゃん(仮名)が、「生ごみを乾燥させれば作れる!」と、教えてくれました。

園にある本を調べましたが、肥料の作り方の載っている本がありません。すると、いおりちゃん(仮名)が、「図書館があるよ」と情報提供。そこで、近隣にある図書館にも出かけてみました。しかし、肥料の作り方は、ここでも見つけることができませんでした。

また、「生ごみって何?」という子どもたちもいたので、担任は、キュウリやキャベツなどの切れ端を「集まり」の時間に見せました。「ジャガイモとか、ミカンとか、バナナの皮も生ごみだよ」と、はーちゃんが教えてくれます。担任が生ごみはそのままでも肥料になるのか聞いてみると、「ずっと放っておいて、もっと乾燥させないと!」と言います。生ごみをどうやって肥料にするか、しばらく議論が続いていました。

**目に見えないけど、入っているんだよ!**

肥料にくわしい子が、肥料の三要素のイメージを表現。上から「カリ」「リン酸」「窒素」。

**環境のPoint　近隣の図書館を利用**

園内でわからないことは、近隣の施設を利用。

**こんな植木鉢が作りたい!**

ホオズキの栽培用に、自分で魚の形をした植木鉢も作りたい!まずは紙で試作品作り。

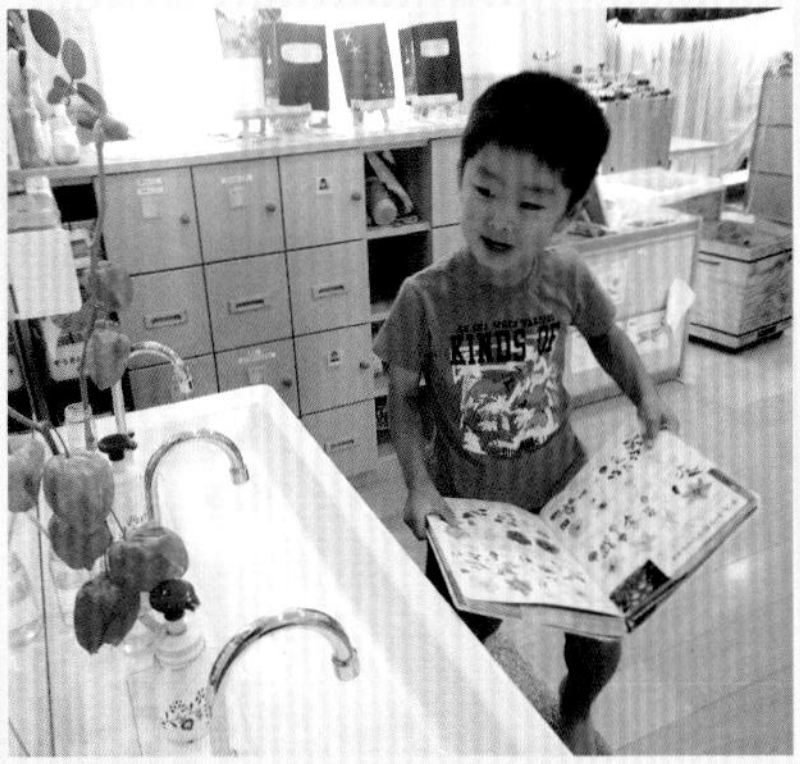

**環境のPoint　季節のものを保育室に**

保育室に新しいものを置くことで、思いがけない活動に発展していくことも。

## 生ごみから肥料を作る実験

いろいろ調べてみても、「これだ！」という決め手はありませんでした。そんなある日の昼食に、バナナが出てきたのを見たいっちゃんとＩーちゃんが「肥料にしよう」と張り切って実験をすることにしました。

いっちゃんが「バナナの皮に穴を開けると、そこに菌が入って増えていくから」と言うので、バナナの皮に割り箸で穴を開け、ポリ袋に入れて、ベランダに置くことに。毎日、記録をつけて、しばらく観察することになりました。

## 自治体の清掃事務所で体験学習

この年の11月から園に来るごみの回収業者が変わり、ごみを分別することになりました。保育室にあるごみ箱も１つだったのが、燃えるごみ用と燃えないごみ用に分けることに。それまでクラスで生ごみの話をしていたので、ごみに関心のある子どもたちは、「ウェットティッシュは、何ごみ？」「乾いたら、ティッシュになるから、燃えるごみなんじゃない？」などと、ごみ箱の前で盛り上がっています。

散歩に出ても、マンションの前に各家庭のごみ箱があるのを見つけて「あんなにごみの種類があるのかな？」と疑問を口にしたり、小さいときからごみ収集車が好きな子はごみ収集車熱が再燃したり、ごみへの興味を深める子どもたちの姿がありました。保育者がそんな子どもたちの姿を後押ししたいと調べてみると、園から5分もかからないところに自治体の清掃事務所があり、そこでちょうど幼児向けの環境学習プログラムを行なっていることがわかったので、さっそくみんなで行ってみることにしました。

清掃事務所では、ごみのことをわかりやすく紙芝居で説明してくれたり、クイズを出してくれたりします。また、デモ用のごみ収集車にごみを積み込む体験もできました。清掃事務所には、あらかじめ子どもたちの質問をファックスしてありました。当日は、紙芝居やクイズの中に織り込んで、質問にも丁寧に答えてもらえました。

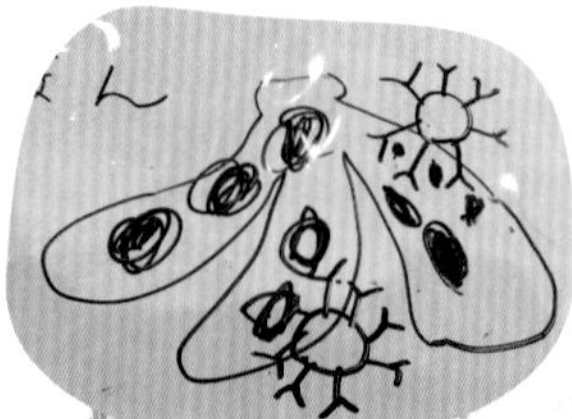

バナナの皮に菌がつき、肥料になっていくイメージ図。

バナナの皮を肥料にしたい！

バナナの皮で肥料ができるのではないかと、実験に取り組む。

ごみの収集作業を、模擬体験。子ども用のユニフォームも用意されていた。

ごみに関する紙芝居で、ごみの分別について教えてもらう。

環境のPoint

**分別用ごみ箱**

ごみの捨て方が変わったので、どういう物を捨ててよいかを写真で表示。

## カードゲームで深まる対話

その後、担任間の話し合いのときに、子どもたちがこれだけごみに興味があるのだから、もっと深まるような環境の工夫をするといいのではという話が出ました。そこで、ごみの分別をテーマにしたクイズが書かれたカードゲームを保育室に置くことに。

ルールは、出題者が提示したごみを、友達と話し合って、可燃ごみ、リサイクル、粗大ごみ、資源ごみ、ガラス、陶器、金属の7種類のうち、どのごみに分別されるか当てるというもの。ゲームをする子たちには、ただ分別するのではなく、理由を考えている姿がありました。例えば、クリスマスツリーの木がお題に出たとき、かずちゃん(仮名)は「この前、木は紙になるっていう話を聞いた。紙は燃えるごみだから、ツリーも燃えるごみだと思う」と、清掃事務所で得た知識を活かして考えていました。また、ともちゃん(仮名)はフィギュアがお題になったとき、「さっきミニカーは金属って言ってた。ミニカーとフィギュアは似ているから、同じに分別されるんじゃない？」などと、ゲームの中で知った知識をすぐに応用し、自分の考えを伝え合いながら楽しんでいました。2人の会話に自然と友達も加わり、対話も広がります。正解は、クリスマスツリーは粗大ごみ、フィギュアは可燃ごみでしたが、「大きいごみは粗大ごみになるんだね」「ミニカーみたいな動く物が金属なのかな」などと、新しい発見や疑問に思いを巡らせていました。

## ごみのクイズ本から、マーク探しへ

また、ちょっとした空き時間を利用して、ごみに関するクイズの本から問題を出して楽しみました。最初は、「食べ終わった後のごみは、なんと言うのでしょう」というような簡単な問題ですが、後のほうは「最終ごみ処分場の寿命は何年か？」といった自治体に問い合わせないと答えがわからないような問題もありました。その本の中に「商品のパッケージの裏にごみの分別のマークが載っていることも多い」という話が載っていました。そこから、マーク好きの子どもたちが「プラのマーク、知っているよ」と、室内のマーク探しが始まっていったのです。

こんなマーク、見つけた！

予想が当たった！

環境のPoint

**子どもたちの興味・関心に寄り添い、カードゲームを用意**

ごみの分別を予想することで、対話が盛り上がる。

環境のPoint

**掲示して情報を共有**

自分たちが見つけたさまざまなマーク。

分別マークの付いたパッケージを集めては、はっていった。

## さまざまな造形活動へのつながり

小さいときからごみ収集車が大好きだったはるちゃん（仮名）は、3歳児のときに保育者と小さなブロックで作ったごみ収集車で、4歳児の間もあそんでいました。多くの子が容器についているごみ分別のマーク集めで盛り上がっているとき、5歳児になったはるちゃんの興味は、やはりごみ収集車。担任がブロックコーナーにクリアファイルに入れて置いておいた大きなごみ収集車の作り方の写真を見て、大きなごみ収集車を作ろうと決心したようです。12月の半ばから、毎日30分以上ブロックコーナーでこつこつとごみ収集車を作る姿がありました。

1月半ば、ついに「できた！」と見せてくれたごみ収集車は、ちゃんと後部が開いてごみを積み込める仕様。みんなからは、「すごい！」「かっこいい！」と絶賛の嵐でした。はるちゃんも、大きな達成感と自信を得たようです。

一方、さまざまなマークを集めているうちに、けいちゃん（仮名）はプラスチックのごみが多いことに気がつきました。もともとブロックなどで恐竜を作ることが大好きだったけいちゃん。プラスチックの容器だけで、恐竜を作り上げ、「プラティラノザウルス」を完成させました。また、次に多い紙マークのついた廃材から「カミスピノザウルス」も。ごみへの興味が、思い思いの造形活動にもつながっていきました。

## 再び清掃事業所へ

いろいろなマーク集めが進むと、今度は、マークの意味に興味をもつ子どもたちが出てきました。「マークって、四角と丸と三角があるよね」「中に数字が書いてあるのもある。どう違うんだろう？」と、「集まり」の時間に数人から疑問が出ました。すると、はるちゃんが「ごみ収集車の人に聞いたら、わかるんじゃないかな？」。そこで、また「いつでも来てね」と言ってくれていた清掃事務所を再訪することになりました。清掃事務所の人は、子どもからのさまざまな質問に答えてくれました。「プラスチックのリサイクルマークの中にある数字は、1〜7まであって、プラスチックの種類を示しているんだよ」「マークの下に書いてある英語は、そのプラスチックを作るときの材料の名前だよ」。ペットボトルがリサイクルされて服になるまでの過程など、少し難しい話もありましたが、興味がある子どもたちは、真剣にメモを取っていました。それに、なんと清掃事務所の人が、事務所の裏庭で生ごみから肥料作りをしているところも見せてもらい、作り方を教えてもらえることになったのです。

2月にある生活発表会で、子どもたちは、この半年で知ったごみの知識を発表しようと計画しています。その生

清掃事務所を再訪。マークについて、説明してもらう。

ごみ収集車を作り続けるはるちゃんには、友達がパーツを集めてくれたり、「すごいね！」と、声をかけてくれたり。

完成した「プラティラノザウルス」。

ブロックで作ったごみ収集車の写真も持っていき、見てもらった。

活発表会の招待状を清掃事務所の人にも送ったところです。清掃事務所の人との交流が、子どもたちにとってかけがえのないものとなっていきました。

## SDGsへの関心の広がり

ごみのリサイクルにも子どもたちの関心が向いてきていたので、今度は保育室に何気なくSDGsの本を出しておきました。飾っておいただけですが、子どもたちはすごく興味をもって見るようになりました。

その本から「水はどこから来るんだろう?」という疑問が出てきたとき、3歳児のてっちゃん（仮名）が「雨が川になって、それが流れるんだよ」。今は、自分たちで、具体的に使った水がどう流れていくのかを絵にかく子どもたちの姿があります。

今後もごみやリサイクル、水の話が、子どもたちの興味・関心やそこから出てくる疑問によって、どのように深まり発展していくか、担任もわくわくと楽しみにしています。

環境のPoint

**子どもの興味に関連する本を展示**

子どもの興味・関心が新たに発展するかもしれないと、SDGsの本を置いてみた。

山から海まで、水はどうやって流れていくのか、対話しながら絵にする様子も。

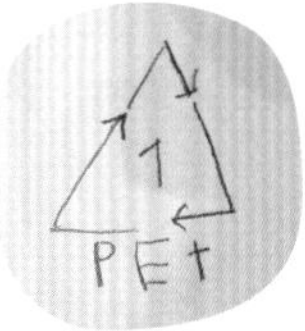


発見したいろいろなマークをかいてみる子も。

## 自然な興味・関心からSDGsへ　妹尾正教

子どもたちは、マークが大好きです。36～39ページの事例でも、マーク探しをする子どもたちの話が出て来ます。しかし、仁慈保幼園では、ゴールを決めていないので、子どもたちが違えば、当然、子どもたちの紡ぎ出す物語も違ってきます。ゴールにたどり着くことではなく、そのプロセスの質が大事なのです。

このクラスの子どもたちは、マークからリサイクルできるごみへと興味が移っていきました。本当に自分から興味をもったことでないと、子どもたちの間に自分から探究しようとか、深く考えようとする気持ちは起こってきません。

自分からその気持ちが起こらなければ、心が揺さぶられることもなく、学びにもつながりません。今は、ごみのリサイクルから環境問題へと子どもたちの視点が移ってきたようです。SDGsの教育について言われますが、大人目線でSDGsを教えるのでなく、子どもたちが自然な形で関心をもつことで、環境問題などを深く考える大人に育っていくのではないかと思います。

多摩川保育園

すみれグループの事例より

# お花見からオーケストラへ

**桜咲く4月。「お花見がしたい！」という子どもたちの思いから始まった活動は、広がり、深まり、最後はオーケストラの発表へ。子どもたちの思いがふくらみ、羽ばたいた1年を追いました。**

## きっかけは前年の経験から

「お花見がしたい！」。始まりは、子どものそんな声からでした。前年の4月にも、桜の木の下でご飯を食べるお花見会をしていた4・5歳児。その経験がつながって、集まりの時間に出てきた意見です。

前年の経験を次に活かしてほしいという保育者の願いもあり、子どもたちには「桜を使って、ほかにもできることはないかな？」と問いかけました。「桜の木の下でお花を飾って食べる」「お花見をしながら去年踊った踊りをしたい」「桜のお茶が飲みたい」など、さまざまな案が出きました。その中から、まずは園庭の桜の木の下で、おやつで出たチキンライスをおにぎりにして食べることを楽しみました。

また、集まりの時間に出てきた意見を部屋にはっておきます。それに気がついたそうちゃん（仮名）が、桜の塩漬けに興味をもっていたようなので、「一緒にやってみる？」と声をかけ、桜の塩漬け作りがスタートしました。まずは、園庭の桜をボウルにたくさん集めます。ひろちゃんやみーちゃん、ゆずちゃん（仮名）も一緒に桜の花を拾っていきます。それを洗って、塩と酢を入れて2～3日置くと出来上がり。出来上がったら、桜のお茶やクッキーにしようと楽しみが広がります。

環境のPoint

**集まり**

仁慈保幼園では、朝と夕方に「集まり」の時間がある。興味あることを共有したり、疑問や課題をみんなで解決したり、大事な対話の時間になっている。

環境のPoint

**情報の可視化**

出た意見を書いてはり出すなど、情報を可視化することで、興味・関心が深まるきっかけになることも。

どんな匂いがするかな？

塩漬けにした桜を乾燥させて。塩漬けの香りに興味津々。

桜の塩漬けを作りたい

桜を枝と花に分けて、花をボウルに集めていく。

## 「桜の下でお茶が飲みたい」

桜の塩漬けが出来上がったらどうする？という話し合いの中で、「桜の下でお茶にして飲みたい」「お茶会をしたい」という意見が。でも、すでに季節は過ぎ、桜は散ってしまっています。さて、どうしよう……。

「お部屋の窓のところに桜の花びらを作ってたくさん散らして飲んだら？」という案から、桜の飾り作りがスタートしました。

「天井にも桜を飾ったら？」「ピンクの布にやりたい」という声から、大きなピンクの布に白の絵の具で桜を表現し、天がいのようにして飾ろうと話し合って決めました。ニンジンやピーマンのスタンプでやりたい、手のひらで模様をつけたい、表現方法にも子どもたち一人一人の個性が表れます。出来上がりの布を見て、「桜がいっぱいだねー」と満足げな子どもたちでした。

また、桜のモビールを作りたい、透明なシートに絵の具でかいて床にも花びらを散らしたい、子どもたちのイメージと制作意欲はどんどん広がり、保育室は子どもたちが作った桜でいっぱいになっていきました。

さらには、「お茶会には桜の服を着ていきたい」と服作りに挑戦する子も。桜をイメージした服作りにも取り組む姿がありました。粘土で桜を作る子、ライトテーブルで桜を表現する子、桜への思いが高まっているようでした。

ライトテーブルで桜の花びらを表現。

見て！
桜の花みたい

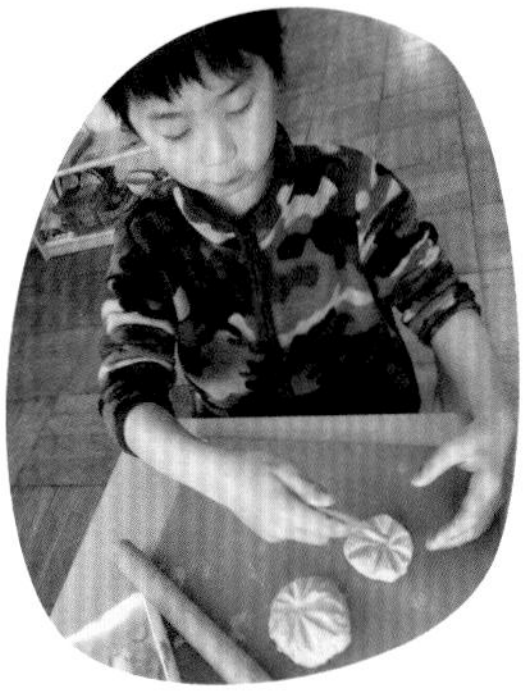

ヘラを使って粘土に模様をつけて。

保育室は子どもたちが作った桜でいっぱい。

**素材選びも子ども主体で**

環境のPoint

素材も大人が決めるのではなく、子ども自身が考える・見つけるかかわりを大切に。

透明シートに絵の具でかいて、床にも桜を表現。

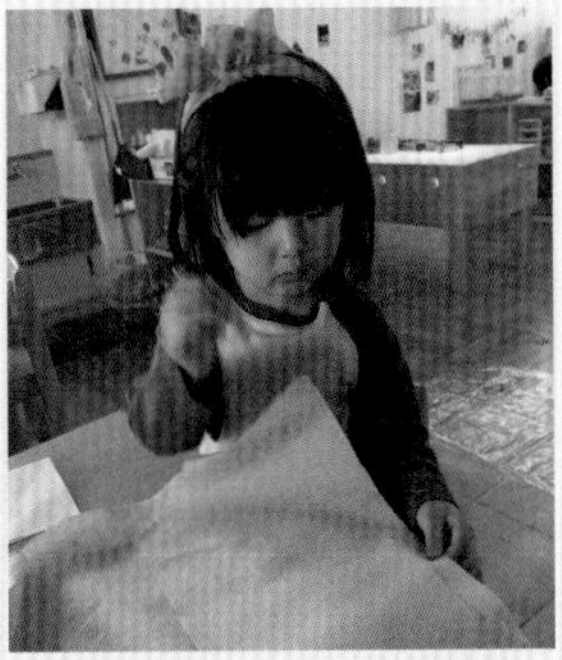

不織布と針、糸を使って桜の洋服作り。クラスの半数以上が服作りに熱中した。服の設計図をかいて取り組む子も。

## お茶菓子と出あう

　お茶会に向けて話し合いを進める中で、子どもたちから「お茶と一緒にお菓子が食べたい」という声が挙がりました。そんな子どもたちの姿に、普段できないものに出あえるいいチャンスだねと保育者同士で話し合いました。そこで、「お茶に合うお菓子ってどんなのかな？」と問い、子どもたちと一緒に考えていくことにしました。

　仁慈保幼園では、「お茶のお菓子と言えば和菓子」というような答えを、大人が一方的に出すことはしません。「どうすればいいかな？」「どう考える？」と子どもたちに投げかけ、一緒に考えていくということを大切にしています。

　そんな保育者の投げかけに、2年前に桜餅を作った経験のあった5歳児が、「桜餅がいいんじゃない」と提案。「お菓子を見に行きたい」「どんなお菓子を食べるのか聞きたい」と和菓子屋さんを訪問してみることが決定しました。

そんな子どもたちの姿は、ドキュメンテーションで保護者にも発信しています。そうすると、和菓子屋ならここがいいなどの情報や、和菓子を購入して子どもたちに食べて欲しいと持ってきてくれる保護者も出てきました。子どもたちが夢中になっていることを発信すると、保護者にも届き、保育への理解にもつながっていきます。

## 地域にある和菓子屋さんへ出発！

　塩漬けの桜を味見して、「すっぱい」「しょっぱい」と顔をくしゃっとさせる子どもたち。「お菓子は甘いものがいいね」と話し合いました。

　和菓子屋さんへは、代表の子どもたちが訪問。「甘いお菓子はどれですか？」「お茶に合うお菓子はどれですか？」、事前に話し合ったお店の人に聞きたいことを質問していきます。お店で、「すみれ」という名前の和菓子を発見した子どもたち。「私たちのすみれグループと同じ『すみれ』だ！」と大興奮。でも、即決はしません。値段を確認して、園で待つ子たちに報告します。

　園では、醤油団子かすみれかで意見が割れましたが、みんなで話し合いを重ね、「すみれ」に決定しました。

## お茶会の雰囲気作りにもこだわる

　子どもたちのお茶会への期待と、イメージは日に日にふくらんでいきます。お茶会をどんな雰囲気にしたいかも話し合います。

　「静かに落ち着いて飲みたい。だって、じゃんじゃんしているとお茶がこぼれちゃうから」と、のんちゃん（仮名）。「楽しく飲みたい」と、ゆいちゃん（仮名）。「桜の音楽とか流したら？」との提案も出てきました。

桜の曲の本を探しています

図書館で司書さんに質問。

お茶に合うお菓子はありますか？

環境のPoint
**地域資源を活用**
子どもの興味の広がりに寄り添って、地域も学びのフィールドに。

環境のPoint
**保育者はよきファシリテーターに**
子どもの思いや願いを拾って引き出し、見える化し、整理する保育者の役割が重要。

そこで、近くの図書館へ桜の音楽の本とお茶会の本を女の子4人と一緒に探しに行きました。音楽の本はなかなか見つからず、図書館の人に聞いてみたところ、「CDもありますよ」と桜の曲が入ったCDを出してきてくれました。本とCDを手に園へ戻り、みんなに報告です。

## ホンモノを極めたい

また、園の看護師さんがお茶にくわしいと聞いた子どもたち。早速、看護師さんにお茶の話を聞きに行きました。日本の和菓子には和紙やアジサイの葉を敷くことや、黒文字（食べるときに使う楊枝）が必要なことを聞いたり、急須の使い方や、おもてなしの方法を教えてもらいました。子どもたちは、本格的なお茶のいれ方、作法を前に真剣な表情。実際に急須を使わせてもらい、慎重にお茶をいれる姿がありました。その後も、染め紙をして和菓子に敷く和紙を作ったり、黒文字を準備したりと、ホンモノを極めたい子どもたちの探究は続きます。

## いよいよお茶会開催！

さまざまな準備も整い、いよいよ6月にお茶会を開催することになりました。役割分担も話し合い、お皿やコップを調理室に借りに行く人、和菓子を配る人、お茶をいれる人、招待状を渡しに行く人など、それぞれの形で参加していきました。

当日は園長と主任、看護師も参加してくれました。「静かで落ち着いたお茶会にしたい！」とみんなで作り上げたお茶会だったので、すごく静かで厳かなお茶会になりました。みんなのこだわりが詰まったお茶会。子どもたちそれぞれに達成感が感じられました。

子どもたちにとって貴重な経験となったお茶会。その後も、「桜餅を作りたい」桜餅会、和菓子屋さんのエプロン作り、和菓子屋さんごっこと、子どもの活動は広がっていきました。

また、音への関心もさらに高まり、のんちゃん（仮名）は桜餅をテーマにした歌詞を書いてきて、曲を作って次のお茶会で演奏したいということに。ピアノが得意な子がピアノを弾いてくれたり、指揮をやりたいという子が出てきて、「さくらもち音楽隊」が結成されました。

看護師さんのお部屋を訪問。お茶のいれ方に釘付けの子どもたち。

**お茶会当日**

慎重に慎重に注ぎます。

みんなにおいしく飲んでもらいたい。

子どもたちのイメージどおり、静かで落ち着いた雰囲気に。

## 音への興味が深まり オーケストラへ

仁慈保幼園では、毎年2月に1年間の自分たちの成長を見てもらう「感謝祭」を開催しています。クラスで1つの演目ではなく、子どもたちそれぞれが、保護者に一番見てもらいたいことを発表します。そのため、チームで発表する場合もあれば、1人で発表する場合もあります。

すみれグループでは、お絵かきチーム、電車チームなどに交じって「オーケストラチーム」が発表を行いました。

オーケストラチームは、お茶会の「さくらもち音楽隊」が、音探しなどのあそびを楽しみながら発展していったチームです。桜餅っぽい音を探して楽しんだり、マラカス作りをしたりして、音であそぶことを楽しみました。当日は指揮者のそうちゃん（仮名）、ピアノのともちゃん（仮名）を中心に、演奏者の気持ちを一つにして、自分たちのオーケストラを披露していました。

みんなの音に合わせてピアノをひくともちゃん。

本番に向けて練習中

奏者の心が一つになるまで待ってから腕を上げる。

### 一人一人の思いが結集したお茶会　妹尾正教

仁慈保幼園では、それぞれのやりたいこと、得意なことを活かして、1つの活動になっていくことがよくあります。このお茶会も、それぞれの子どもがお茶会に対して自分の思いをもっています。お茶をいれることにこだわりを見せる子、会場を自分たちが作った花で飾る子、詞を書いてくる子、それに曲をつけ、ピアノを弾く子……。「思い思いの方法で、表現することが許される環境」が、とても大事だと思っています。お茶会から桜の歌を作るというのは、大人の発想ではなかなか出てこないかもしれません。自分からやりたいと思ってやる活動なので、それぞれが和菓子屋さんごっこだったり、エプロン作りだったりと、あそびをどんどん広げ、豊かにしていくことができるのでしょう。

そして、前年度にしたお花見会の経験も、しっかり活きています。毎年お花見やお茶会が、前年度の経験をもとにバージョンアップしていくのです。こうやって、クラスの文化が生まれていき、子どもたちの活動が深く、豊かになっていくことを願っています。

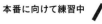

# 第3章

# 環境構成を支える さまざまな視点

環境構成に対して、既成概念にとらわれない多様な試みをしている仁慈保幼園。子ども一人一人を大切に、どのような視点をもって環境構成に取り組んでいるのでしょうか。14の視点で語ります。

POINT 1

## まずは落ち着ける空間であることが大切

子どもがあそびに集中できる環境を考えたとき、まずは落ち着ける環境であることが大切です。心が安定しなければ、あそび込むことも、探究することも難しいからです。コーナーは、入り口からの動線を考え、どこに配置するかを決めていきます。例えば、絵本コーナーだったら、人の行き来の少ない場所に作り、クッションなどを置くという物理的なこと。保育室の照明も温かみのある電球色にしたり、子どもたちの様子から4人くらいで落ち着けるスペースにしたりなどという空間的配慮。もちろん、保育者との信頼関係という人的な環境も大切です。このような基本的な環境構成に関しては、さまざまな研修や専門書があるので、研究してみてください。

POINT 2

## 既成概念で道具や素材を限定しない

安全であること、年齢や発達を踏まえることは基本ですが、保育室だからという既成概念にとらわれすぎると、視野が狭くなってしまいます。例えば、子どもがキャンプに強い関心をもっていたら、絵本だけでなく、キャンプ用品の写真がたくさん載っているカタログや雑誌などを置いてみると、子どもからおもしろいあそびのアイディアが生まれることもあります。子どもの興味・関心に沿っているものを、どんどん環境に取り入れていきましょう。

POINT 3

## 物的環境を生かすのは、保育者のかかわり

素材をやみくもに用意すれば、質の高い経験ができるかというと、そうではありません。子どもによっては、経験が少ないために、その素材をどう扱っていいかわからないことがあります。積み木一つでも、扱い方がわからなければ、投げてあそぶ子どもも出てきます。保育者が一緒にあそんだり、対話をしたりしながらかかわることで、あそびや経験は深まっていくのです。

環境への視点1

# 各クラスに共通した配慮は？

子ども主体の保育というと、子どもがやりたいことを、言うがままにすべて叶えるとか、放任的と捉えられることがあります。しかし、本来は、それぞれの子の発達をきちんと捉えた上で、環境構成を行っています。

POINT 4

## 子どもは、「経験の少ない人」

子どもと大人の違いは、経験が少ないか、多いかだと考えています。心が動かされるような多様な経験を積み重ねることで感性が豊かになっていき、自分なりに新しいものを生み出すきっかけともなります。ですから、「経験の質」がとても大切です。同じ年齢の子どもでも、多様な経験のある子どもと、そうではない子どもとでは、自分で考えたり、表現したりする力に大きな差が生じます。質の高い経験がたくさんできる環境構成を考えましょう。

POINT 6

## 子どもたちの半歩先を行く環境構成

子どもたちの日常を、写真と文章で表わしたドキュメンテーションやポートフォリオ、保育ウェブなどを使って、子どもの姿を可視化し、常に次の活動を予測しています。子どもたちが「やりたい！」と思ったときに、すぐ活動に入れることも大切ですし、経験の広がりをサポートする上でも、今の子どもたちの半歩先の発達を見据えて、環境構成を考えることが大切です。

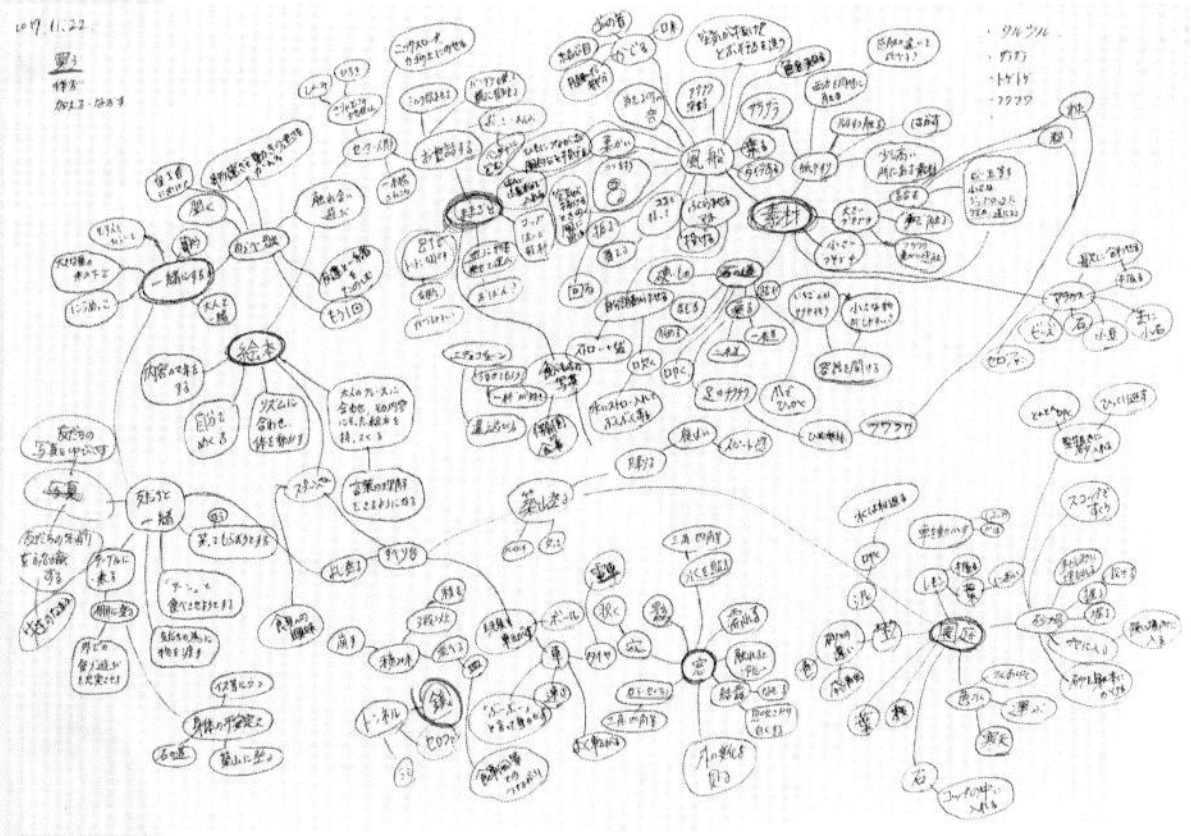

POINT 5

## ときには大人から仕掛けを作ることも必要

例えば、保育室に1本の万華鏡を置いたことで、万華鏡作りやプロジェクターで模様を投影したり、表現活動が活発に行われたりしたことがありました。次ページに出てくるいろいろな種類の土や砂を園庭に入れていることも、一種の仕掛けです。子どもたちの日常にちょっとした波紋を投げかけると、大きなうねりのある活動になっていく……。そこが、保育者の専門性が問われるところでもあります。

環境への視点2

# 園庭をどう考えている？

園庭は、保育室以上にさまざまな環境構成が可能です。安全に配慮することが大前提ですが、環境の構成の仕方によって、子どもの活動は、豊かで深みのあるものになっていきます。

POINT 1

## アップダウンのある園庭で、広がる活動

子どもたちの園庭での様子を見ていると、広い園庭でも、アリとたわむれていたり、泥団子を作っていたりと、意外と隅のほうであそんでいる姿があります。ときには、中央でサッカーなどのボールあそびをしていることもありますが、年に一度の運動会のための「運動場」には、ならないほうがいいのではないかという思いがあります。
子どもたちが体を動かしてあそぶことを楽しんだり、身体的にバランスが取れるようになったりする意味では、築山やトンネルなど、アップダウンのある場所のほうが、いろいろな体の動きを経験できるのではないでしょうか。

POINT 2

## 自然を感じられる場

園庭は、自然を身近に感じられる場でもあります。風に揺れる木々のざわめきや、季節の匂いなど、五感で自然を感じることが、豊かな感性を育てます。梅などの実のなる木を多く植え、季節にはその実を収穫してジュースを作ったり、小さなハーブ園でそれぞれの葉の匂いを感じたり、木登りをしたり、子どもたちは園庭を通して、さまざまな経験をしています。

POINT 3

## 砂や土にもこだわる

砂場を区切って山砂と川砂を入れたり、園庭の土も場所によって、赤土、黒土などを入れたりすることで、子どもたちには、色や形状の違い、触り心地の違いなどの気づきがあります。そこから、疑問や興味が広がることもありますし、きれいな泥団子を作るには、どの土や砂を使えばいいんだろうなど、新たな探究が始まります。

POINT 4

## 水にふれられることも大切に

ビオトープなどの水場があると、そこにやってくる鳥や虫たち、水中の生き物などを通して、多くの気づきがあります。また、雨の日の園庭は、いつもと匂いも情景も違っています。水たまり一つでも、あそびが広がります。といを使って砂場に水を引き込んで、あそびが広がることもあるでしょう。流れる水が渦を巻く様子を熱心に眺めることから、表現につながったり、流れた水はどこに向かうのかなどの疑問を探究したりする契機にもなります。

POINT 5

## 園庭の植物・生き物は、すべてが教材

子どもが自分たちで育てたいと思う植物は大事に育てますが、基本的にハーブやほかの草花は、自由にあそびに使っています。園庭では、アリやダンゴムシ、ヤゴなどの生き物も、観察したり、飼育したり、生態を調べたりと、子どもたちの教材です。そうやって、植物や生き物に接することで、命にかかわることの大切さも学んでいきます。

POINT 6

## 夏のあそびも多様性を考えて

夏も、プールあそびだけにすると、経験が限られたり、せっかくそれまで盛り上がっていたあそびが中断されてしまったりします。そこで、そのときの子どもが興味・関心をもっていることを、園庭という違う環境で試行錯誤できるようにするのも一案です。また、夏ならではの色水や寒天、氷などであそべるコーナーを作り、子どもに新たな興味・関心を呼び起こせるような工夫もします。

環境への視点3

# 学びのフィールドを広げる

子どもたちの興味・関心や探究心と真剣に向き合っていくと、ときに専門的な知識が必要になってきます。そんなときは、保育室から外に出て、地域の専門家から学びましょう。

POINT
1

## 答えは保育室の中だけにはない

保育者が子どもたちに教えるだけの保育だったら、保育室から出る必要はないかもしれません。しかし、子どもが自ら探究して答えを見つけようとしたとき、探究が深くなればなるほど、保育者だけの知識では解決しないことも出てきます。例えば、子どもたちが本格的な和菓子作りをしたいとなったら、和菓子屋の職人さんに話を聞いたり、実際に作っているところを見せてもらったりすることで、確かな知識を得ることができるでしょう。また、水道から流れた水がどこに行くのか知りたいとなれば、近隣の浄水場に見学に行くというのも一つの手段です。

POINT
2

## 保護者や地域に助けてもらう

子どもの興味・関心は尽きることを知りません。子どもが、保育者も知らなかったことを探究したいと思ったときに、地域の専門家に教えてもらうことは、子どもたちの思いと真剣に向き合う上で、とても大切なことです。保護者にも、さまざまな専門家がいるので、子どもたちが今、何に興味・関心をもっているのかが伝われば、探究を手助けしてもらえるのではないでしょうか。ドキュメンテーションなどで子どもの姿を発信すると、保護者から思わぬ情報が入ってきたりもします。

POINT
3

## ホンモノにふれる

地域の専門家とつながっていくことは、ホンモノにふれるということでもあります。和菓子作りなども、園内で完結しようと思えば、できないこともありません。しかし、職人さんの和菓子作りにかける情熱や取り組み、ホンモノの和菓子の美しさや季節感を取り入れた文化までを、子どもたちには感じてほしいと思います。例えば、絵画なども、写真で見るのとホンモノを見るのでは、感性に響くものが違うのではないでしょうか。子どもたちの感性が豊かに育つために、ホンモノにふれることは、とても大きな要素です。

POINT
4

## 地域とつながる前のプロセスを大切に

子どもたちだけでなく、保育者も知らない世界が、地域にはたくさんあります。保育室から一歩外の世界に踏み出すことで、子どもたちも保育者も経験の幅はぐんと広がります。

もちろん、地域の専門家や専門施設とつながる前には、子どもたちと下調べをし、どんな質問をしたいのかなど、さまざまな計画を立てる必要があります。そのプロセスも、子どもたちにとって、大きな経験であり、学びです。そのプロセスがあるからこそ、地域の専門家とつながったときに、子どもたちにとって、より深い学びとなるのではないでしょうか。

POINT 1

## 個を集団につなげる

一人一人が主体的に生きるということを考えると、個々の子どもがヒトとして成長していかなければなりません。「個」が育って、その先にいろいろなヒトと折り合いをつけたり、協同的な活動が生まれたりします。一人一人が「個」として独立しているとき大事なことは、ほかのヒトと対話をして、わかり合うこと。「○○ちゃんは、そういう考えなんだな」と、互いの思いを理解し合うことで、クラスというコミュニティが形成されていきます。

POINT 2

## 興味・関心を共有する

仁慈保幼園では、それぞれの子どもが、自分なりにあそびを楽しんでいます。あそびが盛り上がったり、新しい気づきがあったりしたときに、みんなに報告する機会が「集まり」の時間です。物作りを楽しんでいる子の報告を受け、自分も一緒に作品作りをしようと思う子、その作品を売るお店屋さんごっこを思いつく子、お店の看板を作りたいと思う子……。かかわり方はさまざまですが、興味・関心を共有することで、「個」のあそびが「集団」のあそびへとつながっていきます。

POINT 3

## 大事なのは事前の情報収集

保育者が子どもと一緒にあそぶことは、あそび方を伝えたり、楽しさを共有したりするだけではありません。その子の成長や心の中の揺らぎ、葛藤など、さまざまな変化を感じ、情報収集をすることでもあります。そして、例えば、その子が困っていることがあると感じたら、「『集まり』のときに、みんなに聞いてみようよ」などと、うながします。一人の課題をみんなで共有することで、話題が広がり、大きな活動になっていくことも多いものです。ですから、有意義な「集まり」をするには、子どもとかかわる中で、何をトピックとするかを考えることがとても大切。事前の情報収集で、いかに子どもの心をキャッチするかが、保育の醍醐味でもあると思うのです。

環境への視点4

# 「集まり」は対話の時間

仁慈保幼園では、1日に2回、朝と夕方に「集まり」の時間があります。最近は、「サークルタイム」と呼んでいる園も多いかもしれません。3・4・5歳児クラスの「集まり」は、対話を通して、クラスというコミュニティを作って行くためのツールです。

POINT 4

## 疑問や課題を次の日の保育につなげる

朝の「集まり」は、全員が揃った10時ごろから。例えば、前日夕方の「集まり」のとき、「うまくいかない。どうしたら、いいのだろうか」と、一人の子どもがみんなに相談したとします。その日の「集まり」の時間内に解決しなかったとき、翌朝の「集まり」で、新しい情報を集めて解決策を考えたりします。また、「今日は、どういうことをやってみようか？」などと、その日の活動について議論します。夕方4時ごろからの「集まり」では、朝の「集まり」で出た解決策を「実際にやってみて、どうだったか」ということを話し合います。すると、また、違う解決策や新たな疑問などが出てきます。「集まり」の時間に対話をくり返すことで、さまざまな方向からの意見を聞け、活動の中で試行錯誤することで、子どもたちの探究は深まっていきます。

POINT 5

## 情報を整理し、可視化する

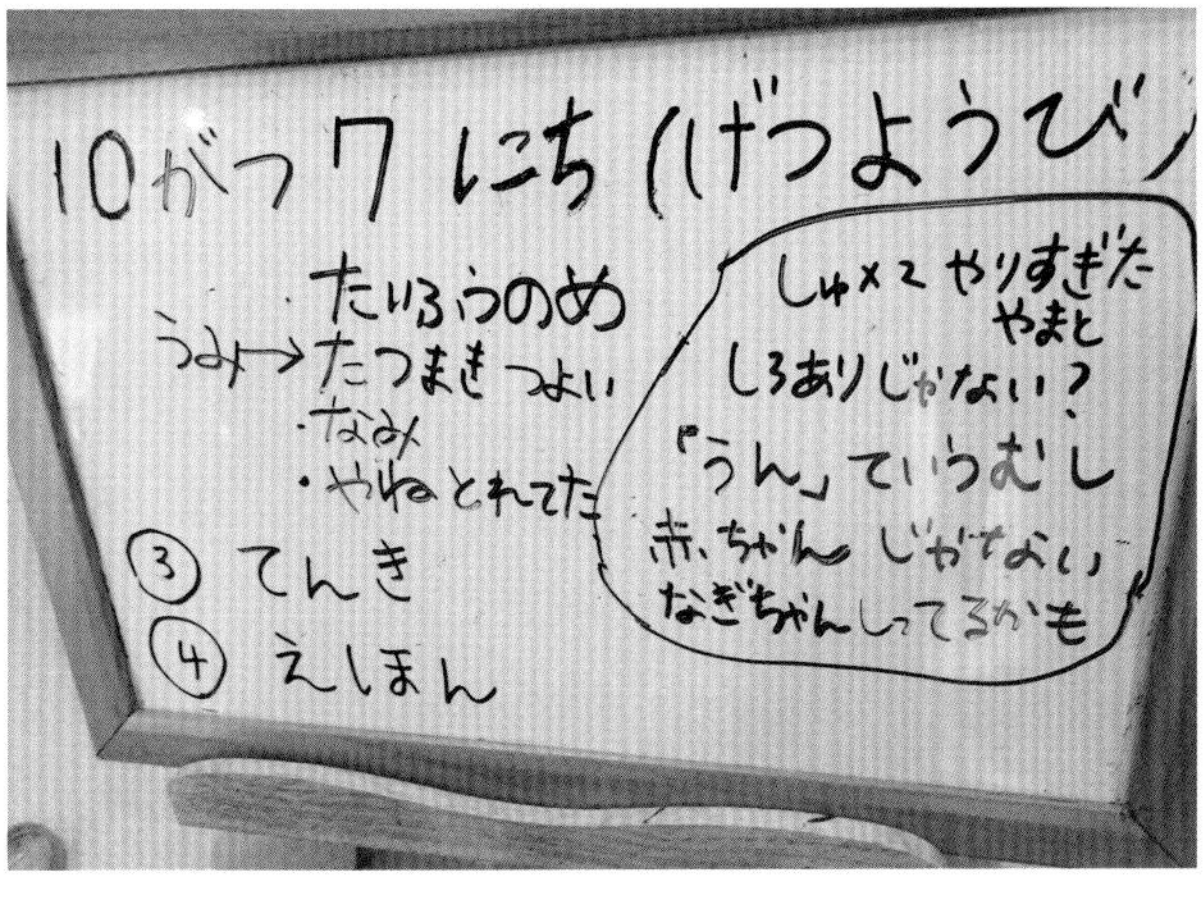


子どもたちがどんな対話をくり広げているか、保育者が記録することはとても大切です。記録することで、その子の考えややりたいことを、さらに深く理解することにつながるからです。また、子どもたちに対しては、対話を言葉で整理したり、ホワイトボードなどを使って文字やイラストで可視化したりすることも、活発な対話や、内容を深く考えるための大事な要素です。

環境への視点5

# 子どもに情報を伝えるさまざま方法

経験の質を高めるには、子どもが多様な情報を得て、そこから必要なことを選び取ったり、想像したりしながら、自分なりに考えていくことが大事。さまざまな情報は、子どもたちの直接的・間接的経験となり、深い学びのきっかけとなるでしょう。

POINT 1

## 直接の対話

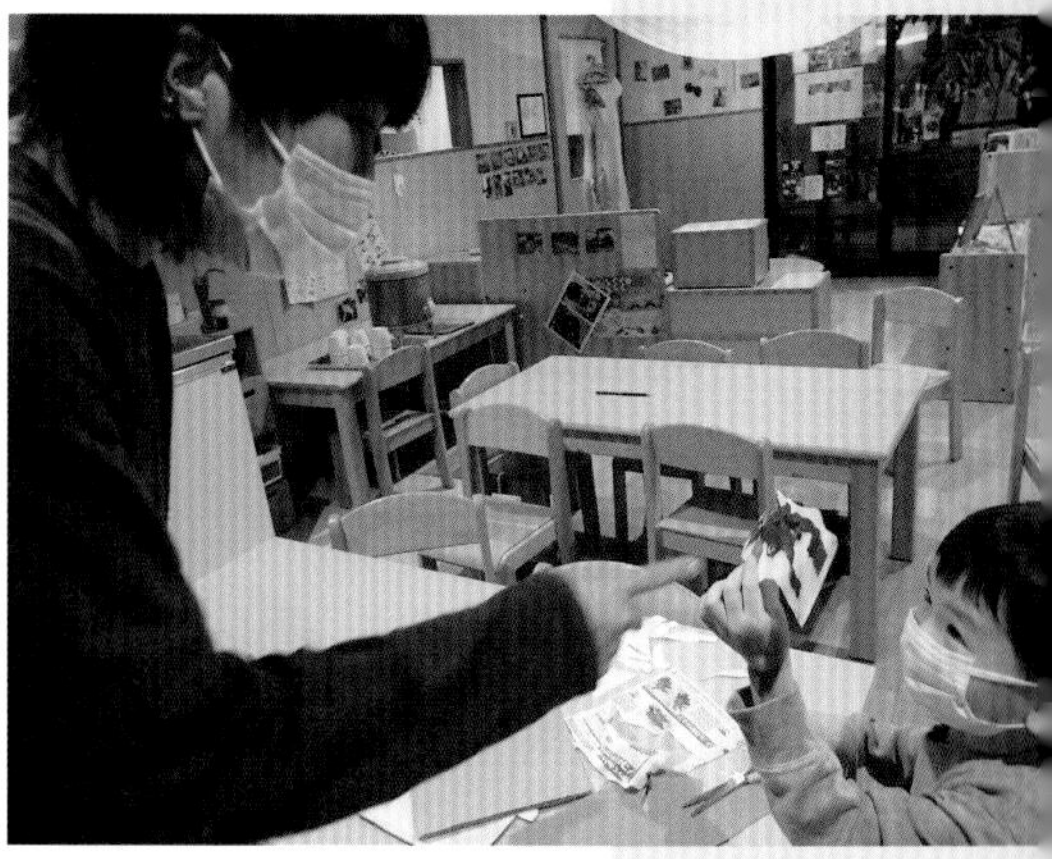

「集まり」の時間で情報を共有することはとても大切ですが、ときには保育者と子どもが1対1で対話をすることで、より深く、その子どものことを知ることができます。例えば、子どもの製作物を前にして、「どういうふうに作ったの？」と聞くことで、困っていることなどがわかり、「ほかにどんなやり方があるかな？」などと問い、話していく中で、気づきや新たな課題が生まれるでしょう。何十人もいるクラスで、一人の子どもと深く話す時間はないと思われるかもしれませんが、それぞれの子どもが自分の好きなあそびに集中できる環境をつくっておけば、1対1で対話する時間の余裕も生まれます。

POINT 2

## ドキュメンテーションやポートフォリオ

子どもたちの生活を記録した写真入りのドキュメンテーションやポートフォリオを、保育室や廊下に掲示してみましょう。子どもたちはあそびを振り返ったり、やってきたことを整理したりして、次のあそびを生み出していけるかもしれません。ドキュメンテーションなどの記録の掲示は、保護者にも園の保育観や活動の内容を伝えるために有効です。保護者にも情報を共有することで、保護者と子ども、保護者と保育者も実りある対話が可能になっていきます。

POINT 3

## 保育室に季節を取り入れる

保育室内に、季節の花や木の実などを持ち込むことで、自然環境を身近に感じられます。そういった季節感も、新しいあそびや気づきに結びつく、大事な情報です。道を歩いていて、ふと見過ごしてしまうことも、保育室に飾られることで、しっかりとした情報としてインプットされることがあるかもしれません。

POINT 4

## 社会のトピックを伝える

オリンピックやワールドカップなど、社会的に大きなトピックに関心をもつ子どももいます。写真が大きく載った新聞や雑誌のページを保育室に掲示することで、子どもたちの興味・関心はより強くなっていきます。そこから、ユニフォーム作りやボールあそびなど、新しい活動が展開するかもしれません。

POINT 5

## モデルを示す

積み木あそびやブロックあそびのコーナーに、作品例の写真や、製作のモデルになりそうな建造物の写真を掲示しておくのは、お勧めです。例えば、ブロックあそびなどのコーナーに「こんなすごい物が作れるんだ！」と思えるような写真や、クラスの子どもが作った物の写真が掲示してあれば、それをまねて大作を作ってみようという気持ちが湧いてくるかもしれません。はじめは、まねであっても、試行錯誤して経験を重ねることで、自分なりの創意工夫が生まれてくるでしょう。

POINT 6

## 子どもたちが作った計画を共有する

例えば、畑に何を植えようかという話題が出たときは、子どもたちが植栽計画をかいて掲示します。また、例えば、こんなおみこしを作りたいなどの案があれば、それをイメージ図として子どもがかき、掲示します。このように可視化することで、子ども同士や保育者が、情報としてイメージを共有できるだけでなく、いつも視覚に入ることで、その活動を続けていきたいという思いも持続します。

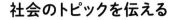

## 環境への視点6
# 子どもと向き合う

保育の専門性をもって、子どもと真剣に向き合うことが、保育者にとって何よりも大切です、人的環境を豊かに、多方面から子ども一人一人を見ていきましょう。

POINT 1

### 落ち着ける関係性を築いていく

子どもが主体的に活動するためには、精神的に落ち着ける環境が必要です。ヒトは、リラックスして落ち着ける状況でないと、周りに目が行きません。人的にも、信頼している大人にいつも守られているという安定感が大切です。そういう空間を作ることで、子どもは自分の興味・関心をもったことに夢中になれるのです。

POINT 2

### 静と動の空間を意識して作る

子どもたちも、一日中夢中であそべるかというと、そうではありません。集中してあそんだ後は、子どもなりに考えを整理するために立ち止まる時間も必要です。そんなとき、一人でぼーっと考えたり、静かに過ごせたりする場所を保障する必要があります。保育室の中に、ソファやクッションを置いた、ゆっくりとくつろげるスペースも確保しましょう。大人があえて、そっと見守る時間も必要です。

POINT 3

## それぞれが夢中になれる環境を

活動をやりたくない子どもがいるのに、みんなで同じ活動をすると、どうしても子ども同士に温度差が出てきます。すると、やりたくない子どもは、もちろんその活動に夢中になれません。もともとその活動がしたかった子どもも、落ち着いて集中するのが難しくなることがあります。子どもそれぞれが、夢中になれる環境を用意しましょう。

POINT 4

## 子どもを対等なヒトとして、接する

子ども一人一人に、個性や考え方があります。ともすれば、「子どもだから」とか、「さまざまなことを指導しなければならない」と大人は考えがちですが、大人と子どもの差は、経験の多さの違いだけだと考えています。ですから、一人のヒトとして子どもを尊重し、向き合うことが何よりも大切です。

POINT 5

## 二人担任で多様な視点から子どもを見る

仁慈保幼園の3・4・5歳児は異年齢保育ということもあり、二人担任です。複数担任にすることで、一人の子どもを多面的に見ることができます。また、担任同士は緊密に連携を取っているので、例え一人がお休みしても、子どもたちのことをいつも見ている保育者が一人はいるということになるので、子どもたちが安定します。

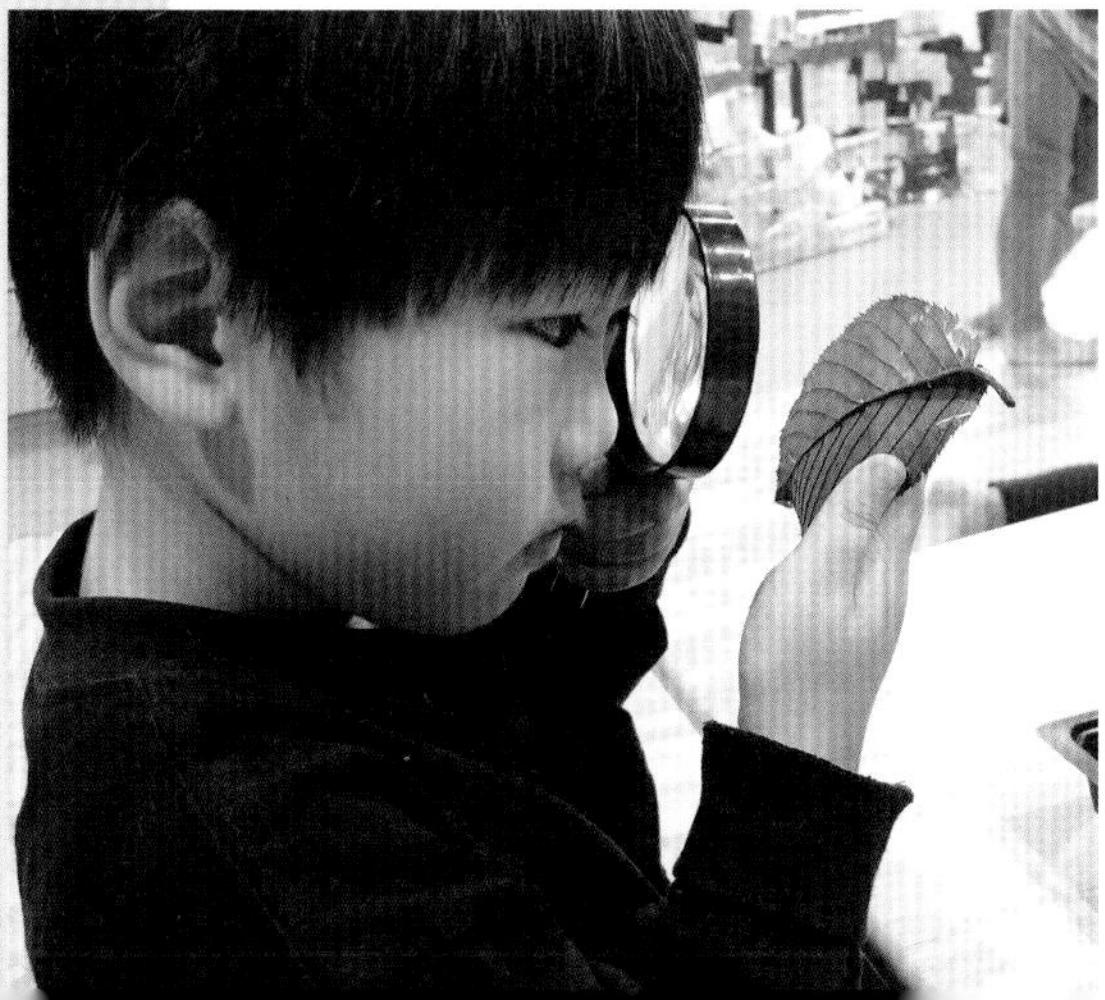

POINT 6

## 子どもの疑問や探究に、真摯に寄り添う

子どもが何かを疑問に思ったり、探究したいと思ったりしたときに、それを真摯に受け止めて寄り添うことが大切です。子どもは大人の気持ちを、直感的に感じ取ります。もし、大人が子どもの疑問を軽くあしらってしまったら、探究したい気持ちもしぼんでしまいます。
子どもの「どうしてだろう？」を受け止めて、物事を一緒に探究することで、保育者の経験も豊かになります。

POINT 1

## カリキュラムを地図のように考える

通常のカリキュラムだと、どうしてもゴールがあって、そこにどういうふうに子どもたちを仕向けていくかという逆算的な計画になりがちです。また、クラスのカリキュラムとなると、クラス全体でゴールを目指す集団的な側面があるように感じます。一人一人違う子どもたちの、画一的ではなく、多面的なカリキュラムを考えるという視点で、仁慈保幼園では「保育ウェブ」を使って、地図をかくように保育や環境をデザインしています。

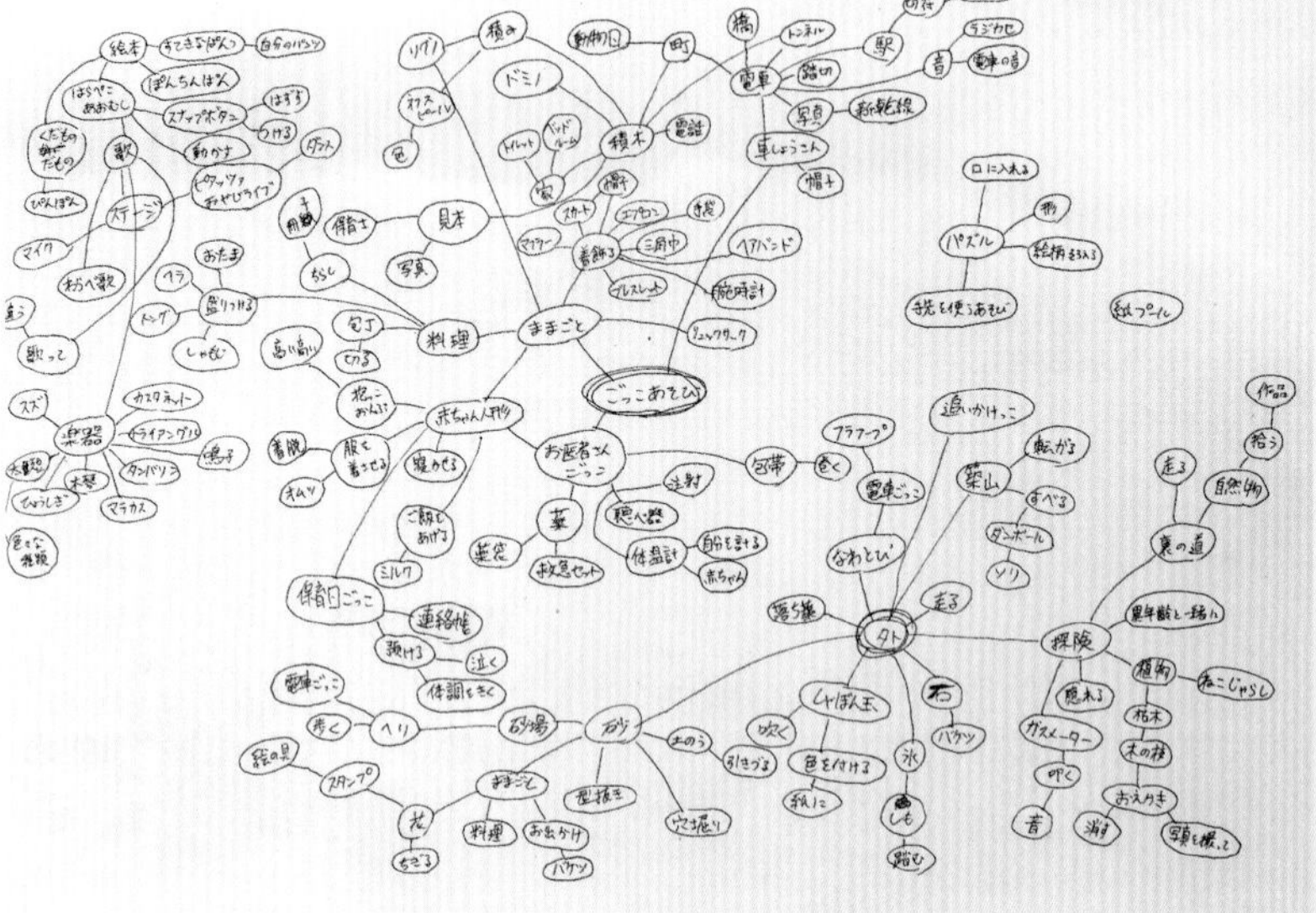


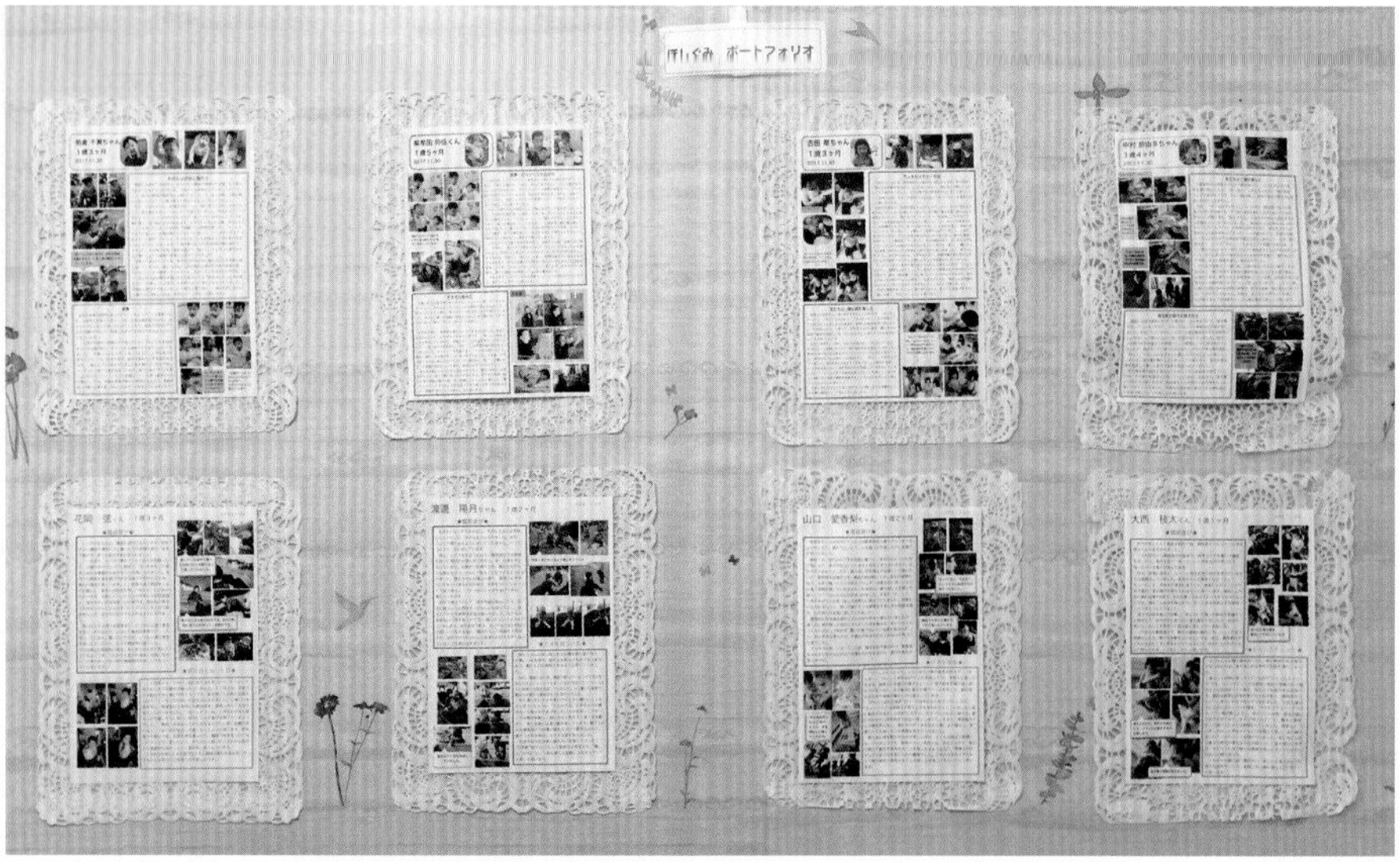

POINT 2

## 保育をデザインする

保育ウェブを作成するときは、まず、ドキュメンテーションなどの保育記録を精査することが大切です。そこから、一人一人の子どもの興味・関心が浮かび上がってきます。その興味・関心を中心に据え、次はどんなことに興味・関心が広がっていくかということを、予測して書き込みます。そうすることで、多面的な環境を構成し、その子への向き合い方などを、保育に反映していくことができます。一人一人のことを考えて保育をデザインしていくことは、自分の思考を整理していくことでもあります。

環境への視点7

# 保育を可視化する「保育ウェブ」

「保育ウェブ」とは、保育を可視化するためのツールの一つです。子どもの興味・関心がクモの巣状に広がっていく可能性を示したもので、子ども主体の保育や環境を考えるとき、大きな要となります。

POINT 3

## 「保育ウェブ」は複数人で作成

「保育ウェブ」を作成する際には、子どもを多面的に見ることが大事な要素になるので、必ず担任同士や、ときには主任・園長が参加して作成しています。一人だと、なかなか子ども一人一人の全体像が見えてこず、偏ったとらえ方になってしまうこともあるからです。また、「保育ウェブ」が作成者の思いに引っ張られて、直線的になってしまうこともあります。複数人で対話しながら、「保育ウェブ」を作成していくことで、「あの子には、そういう側面もあるんだな」など、気づきがたくさんあるでしょう。

POINT 4

## 欠けている部分も可視化できる「保育ウェブ」

「保育ウェブ」がある程度出来上がったときには、五領域や五感の観点から、見直してみることもお勧めです。例えば、五感の中の匂いに関するあそびが少ないなと感じたら、保育室によい香りのする花を飾るなどの環境を用意することで、匂いに関する活動が始まることもあります。

POINT 5

## さまざまな保育ウェブ

「保育ウェブ」は集団の中で、一人一人がどう活動し、ほかの子の興味・関心とどう結びついていくかという、クラスに関するものだけではありません。クラスに、とてもおとなしく自分を表現しない子がいたら、その子を中心に置いた「個人の保育ウェブ」を作ってみることもあります。そうすることで、その子の興味・関心などが、より明確に可視化できます。
また、保育者が作る保育ウェブだけでなく、子どもたちが計画を立てるときなどに、自分たちなりの「保育ウェブ」を作り、それをもとに活動している姿もあります。これも情報の可視化として有効な手段です。

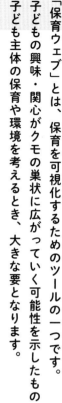

環境への視点8

# 試行錯誤のススメ

「もしかしたら、こうかもしれない」。そう思ったら、すぐに試せる環境が保育室には必要です。その環境が、子どもの思考力を高め、探究心を伸ばします。

POINT 1

## 失敗することはダメなこと?

大人は、自分の失敗の経験から、「子どもには、失敗をさせたくない」と思いがちです。だから、子どもが失敗しそうになると、大人はそれを予測して、つい「そうしては、ダメ」と言ってしまうことがあります。もちろん、本人や周りの子どもが危険にさらされるようなことは、そうなる前に止めなければなりません。しかし、大人が正しいと思う方向を、いつでも示してしまうと、子どもは直接的な経験をする機会を奪われてしまうことになるかもしれません。それは、自分で「どうして失敗したんだろう。どうすればうまくできるんだろう」と、探究する機会をつぶしてしまっているとも考えられます。
園の中だけでも、直接的な経験をして失敗し、考えて、をくり返せるような環境が、必要ではないでしょうか。

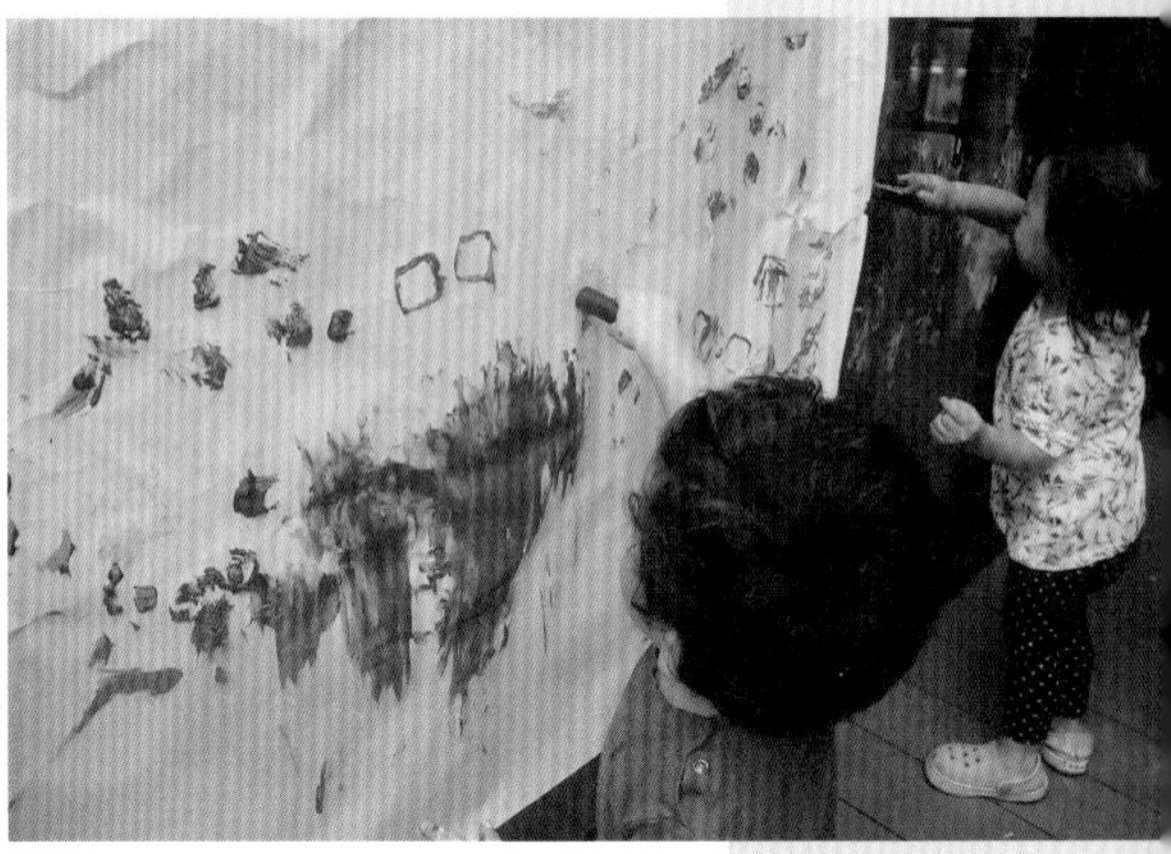

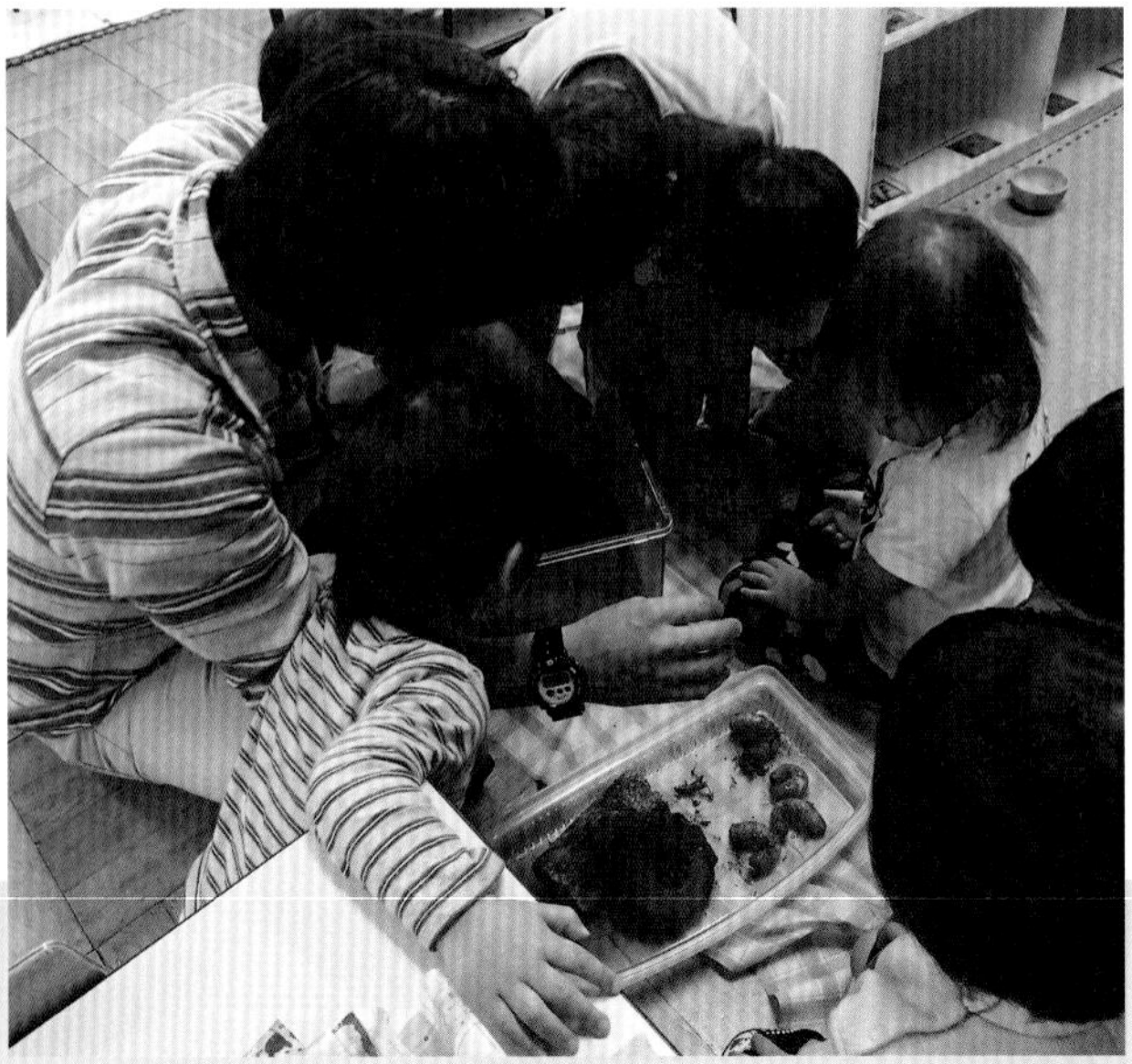

POINT 2

## 子どもは試行錯誤をすることで、限度を知っていく

例えば、子どもが虫を捕まえたとき、動く足を触っているうちに、足が取れてしまうことがあります。それは、興味本位でそうしてしまったのではなく、もしかしたら、手先の器用さが足りなかったり、そっと扱わなければならないことを知らなかったりするのかもしれません。しかし、「かわいそうだから、そんなことをしちゃダメ」と、その行為を止めてしまったら、子どもは加減がわからないまま大人になってしまいます。「なんで、動かなくなったんだろう」などと考え、試行錯誤の末、経験から手荒く扱ってはいけないことや限度を知っていくのではないでしょうか。

POINT
3

## 試行錯誤することが、思考を深める

仁慈保幼園では、あそびの中で子どもが抱いた疑問や困りごとに、保育者がすぐに答えを出すということは、ほとんどありません。例えば、段ボールのおうち作りで、セロハンテープではうまく段ボール同士をくっつけることができないで困っているとき、「ガムテープで留めればいいよ」とは言いません。「何なら、頑丈にくっつけられるかな？」と子どもが自分の経験をもとに考えられるようにしたり、「〇〇ちゃんは、どうやってくっつけたのかな？」と、ほかの子どものやり方に注意を向けるようにしたりします。試行錯誤しながら自分で答えを導き出せたときの達成感や満足感、経験の質は、保育者が答えを告げてしまったときとは、比べられないほど深くなります。試行錯誤ができる時間的・空間的、そして人的な環境を保障していくことが大切です。

POINT
4

## 保育者も試行錯誤を恐れずに

子ども主体の保育をしていると、子どもの興味・関心や次の活動を予測して、物的環境も変えていく必要があります。しかし、ときには、予測が外れて、構成した環境に子どもが興味・関心をもたないことも。そんなときは、もう一度、子どもの姿を見直して、新たな環境を構成していきましょう。仁慈保幼園では、活動のゴールを設定していませんから、プロセスの質が高く、子どもがよりよい経験をしていければ、それでよいのだと思っています。

もちろん、「こんな環境にしたい！」と思ったときは、安全を第一に考えることが大切です。しかし、もし安全面に問題があると思っても、すぐに諦めず、安全にその環境を取り入れるにはどうしたらよいかを考えてみましょう。保育者も主体的に試行錯誤しながら、保育をデザインしていくことが大切です。

環境への視点9

# 「異年齢保育」という環境

仁慈保幼園では、20年前から3・4・5歳児の異年齢保育を続けています。クラス替えは、あえてしません。異年齢保育には、どのようなメリットがあるのでしょうか。

POINT 1

## 縦のつながりに慣れる

最近は、地域の中で異年齢の子どもたちが群れてあそぶ姿を見ることが、少なくなりました。社会には、さまざまな年齢のヒトがいます。大人になって社会に出れば、幅広い年代のヒトの中で働き、生活していかなければなりません。そういった社会の中で生きていくことを考えると、幼児期からいろいろな年代のヒトと接し、慣れていくことが、とても大切だと感じています。

POINT 2

## 発達の個人差を吸収して、居場所を作る

4月生まれと3月生まれの子どもでは、同じ学年とはいえ、生まれ月に11か月の差があります。一方、3月生まれの年長児と、4月生まれの年中児では、生まれ月が1か月しか違いません。また、同じ学年だと発達が遅れがちと思われる子どもも、年下の子たちがいることで、心地よくあそぶ姿も見られます。3つの年齢を通して個人差を吸収し、一人一人の居場所が作りやすくなるのです。

年長児は就学を控えているので、「異年齢クラスで、年下の子どもたちと一緒の活動はどうなの？」という意見もあります。しかし、年長児の10月くらいになると、体力的に午睡の必要がなくなってくるので、その時間に年齢別の活動をすることも可能です。

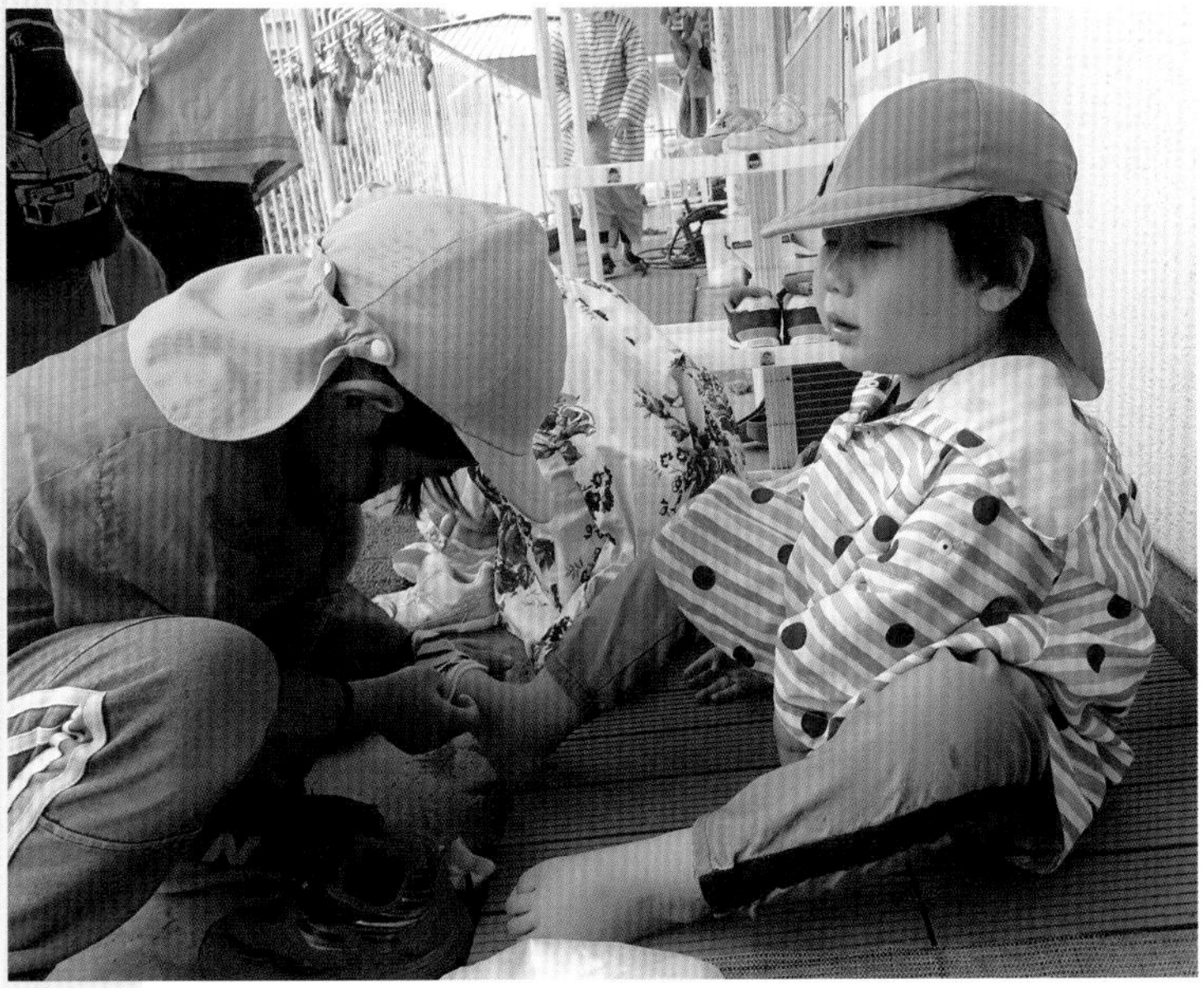

POINT 3

## 譲り合いの関係が生まれる

異年齢のつながりでは、よく年下の子が年上の子に憧れたり、年上の子が年下の子の面倒をみたりするなどと言われます。また、同年齢だと起きるいざこざが、異年齢クラスではあまり起こらないようにも感じます。子どもたちの間で、自然と譲り合い、折り合いをつける環境が生まれます。それぞれの年齢なりに、「この子は自分より年下だから」などと、相手を思いやる気持ちが芽生えるようです。

POINT 4

## クラスの文化が継承される

例えば、田植え。田植えを始めた年は、ただどろんこあそびを楽しんでいた子どもたちも、稲が育って、秋には米が実るということがわかってきます。次の年には、前年の経験があるので、子どもたちは米作りの手順を理解していて、米ができるという見通しがもてています。そうすると、米が採れたら何を作ろうかという話になります。その米で団子を作ってみたい、さらにその次の年には、石うすを使うともっとおいしい団子が作れるらしいから試してみたいなどと、経験が積み重なっていきます。
クラス替えはしないので、前の年にしたことを覚えている子どもたちが、下の年齢の子どもたちに経験を伝えていきます。そうすると、経験の質がどんどん高まって、それがそのクラスの文化になっていくのです。

POINT
1

## 活動への参加の仕方はさまざま

仁慈保幼園では、子どもたちの間にそのあそびが深く浸透して、全員が一緒に活動するようになることはありますが、大人の側から一つのあそびを一斉にさせようとすることはありません。一斉に参加しているように見えても、例えば、お店屋さんごっこでも商品を作る子、売り子をしたい子、看板作りなどをしたい子と、その参加の仕方は多様で自由です。それは、子ども一人一人に「思い」があるからです。いやいやながら活動に参加する子と、自分なりの興味・関心をもってかかわろうとする子とでは、同じ経験でも、経験の質が変わってきます。極端に言えば、いやいやながら参加する子どもにとって、その活動は、マイナスな経験として記憶されてしまいます。
子どもによっては、保育者の気持ちを忖度して参加し、「楽しい」と言う子どももいるかもしれません。しかし、それは、その場限りの経験であり、心を豊かにするものではありません。子どもの姿や対話から、ほんとうの興味・関心を引き出すのが、保育者の専門性ではないでしょうか。そして、多様な参加を可能にする環境の工夫も必要でしょう。

POINT
2

## 子どもの心の動きを見守り、待つ

あそびの場面で、ほかの子どものあそびを「見ているだけの子」もいます。興味がなくて、ただ、ぼーっと見ているのか、そのあそびに入りたいけれど、入れなくてもじもじしているのか、それとも、興味はあるけれど自分なりに視覚的な経験として心の中に「やりたい気持ち」を徐々に熟成させているのか、それを見極めるのが、保育者の専門性です。
もちろん、興味が薄い子には興味のあることを一緒に探っていったり、内向的で仲間に入れない子には「一緒に入ろうよ」と寄り添って、誘ったりすることも大事でしょう。しかし、興味があっても、すぐそのあそびに入らずに、見ている子に対しては、保育者もその子を見守り、待つ姿勢が大切になってきます。なぜならその子にとっては、体は動いていないけれど、心が動いている時間だからです。ほかの子どもたちの動きを心の中で反復し、考えを整理しているのです。

環境への視点10

# 周辺的な参加の大切さ

周辺的な参加とは、共同体において、周辺部分から徐々に参加度を増やしていくことを言います。クラスという共同体の中で、そのあそびに参加しないで「見ているだけ」という子どももいます。仁慈保幼園では、そういう子どもの思いも大切にしています。

POINT 3

## 周辺的な参加が経験を豊かにする

例えば、異年齢児クラスでは、5歳児が難しいブロックなどに挑戦しているところを、横に立って真剣な顔で見守っている3歳児がいます。その3歳児は、直接的にブロックあそびをしているわけではありませんが、5歳児の取り組みを見ることで、間接的に自分の経験としています。ある意味、一緒にあそんでいるのです。そして、この3歳児が5歳児になったとき、前の5歳児はこうだったから自分はもっと上手にやろうと、あそびに挑戦します。ですから、周辺的な参加も、しっかりその3歳児の経験となっているのです。

POINT 4

## クラスの文化が、子どもの育ちを支える

自分が小さかったときのことを思い出してみると、大人の話していることが難しくてよくわからなくても、大人になって、「ああ、そういう意味だったんだ」と腑に落ちることがあるのではないでしょうか。

「集まり」の時間などでは、3歳児にとって、5歳児の会話は、ときに難しいことを言っている、意味がよくわからないということがあるかもしれません。しかし、いつも生活をともにして、そういう言葉にふれているから、その過程で、理解していけるようになるのだと思います。

異年齢児クラスでは、常にそういうことが起こっています。そうやって、上の年齢の子どもたちの経験を引き継いでいき、クラスの文化が成熟していきます。

環境への視点11

# あそびの続きを保障するさまざまな工夫

第1章でもふれましたが、子どもが夢中になってあそび込み、経験を積み重ねるには、あそびの続きを保障することがとても大切です。ここでは、具体的にどのような工夫をしているのかを紹介します。

POINT 1

## 玩具の数や量は十分に

例えば、積み木で大きな建造物を作りたいというときに、もともとの積み木の量が少なすぎては、大きい物が作れません。また、何人もが別々にブロックあそびをしたいときも、量が人数に見合っていないと、いざこざが起きます。子どもの人数、興味・関心、作りたい物の最終的な規模などを考慮に入れて、数や量を決めていきましょう。

絵本なども、低年齢の子どもたちは、それぞれが同じ絵本を手に取って、一緒に見るのを楽しむことがあります。そういうときは、絵本棚に同じ本を数冊ずつ置く配慮が必要です。

POINT 2

## スペースの保障

大きな物を作るには、ある程度のスペースが必要です。子どもたちの動線が交わらない場所を区切って、コーナーを作れるといいですね。また、大きな物を作っている子どもたちがその場を離れるときには、「〇〇ちゃんが、作っている途中だから」と、口頭で伝えたり、掲示をしたりして、ほかの子どもがわかるようにすることも大切です。

POINT 3

## 作りかけの物を置く場所

ブロックなどの構成あそびや、製作あそびで作る作品が1日だけで完成するとは限りません。子どもによっては、何日もかけて試行錯誤をしながら、自分の作品を完成させていきます。作りかけの物を取っておける場所を用意しておくと、次に続きを作るときを楽しみにすることができます。また、棚の上など、子どもの視界に入るところに作りかけの物を置く場所を作ることで、子どもたちもより安心して過ごせます。

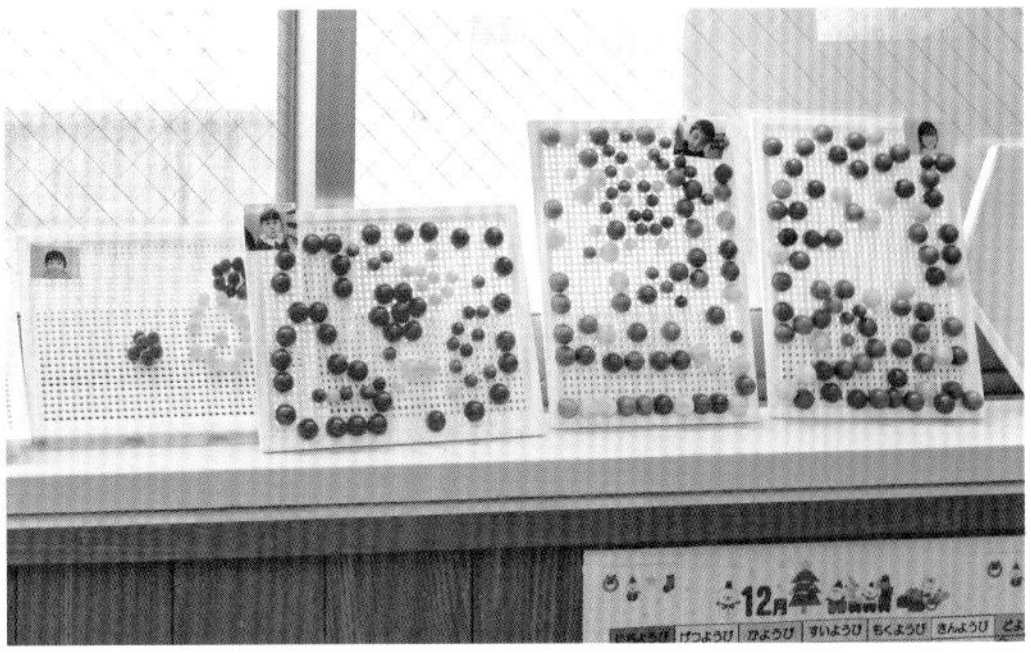


POINT 4

## 名前をつける

作りかけの物には、その子の顔写真などを付けて、だれの作りかけかがすぐにわかるようにしておきましょう。そうすることで、ほかの子どもはだれの作品かがわかるのと同時に、「○○ちゃんは、こういう物を作っているんだ」と、その子の興味・関心を知ったり、自分もやってみようと思えたりします。

POINT 5

## 完成品の写真を残す

積み木やブロックは数に限りがあるので、せっかく作った力作も壊さなくてはなりません。そんなときは、作品の写真を撮って残しておきましょう。写真を見れば、本人にも作品を作ったときの達成感がよみがえりますし、ほかの子どももそれをお手本として、新しい作品作りに挑戦する気持ちがわき起こるかもしれません。撮った写真は、いつでも見られるように、それぞれのコーナーに掲示しておくのがお勧めです。

POINT 1

## 保育室を三次元的に考える

保育室の環境構成を考えるとき、意外と意識しないと活用できないのが、壁や天井です。壁や天井も含めて保育室ですから、二次元ではなく、三次元的な環境構成を考えましょう。
それには、原点に返って、なんのための保育か、担任はクラスの子どもにどう育ってほしいと願っているのかということを、改めて考えてみるのがいいかもしれません。例えば、壁に掲示することが多い、子どもの年間のお誕生日表。担任は、クラスの子どもたちの誕生日を把握しているのが普通です。子どもたちには、毎月「今月は、〇〇ちゃんのお誕生日がある」というのは、集まりのときなどに知らせたり、その月の子の特別感を出すために写真を飾ったりします。そうすると、年間のお誕生日表は、わざわざ壁に掲示する必要はないのかもしれません。そうやって、何が必要で、何がいらないか、保育者同士で語り合いながら精査してみるのも一つの方法です。

POINT 2

## 落ち着いて探究できる空間を作る

園は、子どもたちの生活の場であるとともに、学びの場でもあります。生活の場であることを考えると、落ち着いた空間・環境であることが大事です。また、学びの場であることを考えると、あそびを通して試行錯誤をしたり、探究をしたりすることが大切です。ですから、無理に「かわいらしく、子どもらしく飾り立てる」必要はないと考えます。
仁慈保幼園では、アニメやゲーム、キャラクターものなどは持ち込まないよう、保護者にもお願いしています。園でのあそびも、例えばテレビ番組から影響を受けた戦いごっこではなく、考えたり思考錯誤が必要だったりする構成あそびなど、普遍的で落ち着けるあそび環境をつくるようにしています。壁面や天井も、その環境の一部として、活用していきましょう。

環境への視点12

# 壁や天井を有効活用

保育室の壁や天井も、環境の一部です。
さまざまな利用法を考えると、
豊かな保育が広がっていくのではないでしょうか。

POINT 3

## 情報を共有するために壁を使う

76〜77ページでもふれているように、子どもにさまざまな情報をどう伝えるかを考えたときに、ドキュメンテーションや、社会のトピックなどを壁面に掲示することも一つの方法です。

また、ままごとあそびのコーナーの壁面に、レストランや食材、料理の写真を掲示することが、子どもたちの想像力をかき立てるかもしれません。積み木やブロックなどの構成あそびの場に、高いビルやおしゃれな建物の写真を掲示することで、複雑な作品を作るようになることもあります。あやとりや折り紙のコーナーには、やり方図を掲示すると、それを見ながら、研究する子どもが出てきます。

さまざまな情報の掲示が可能なので、壁面に「何をどう示すか」を考えるのも、保育の醍醐味ではないでしょうか。

POINT 4

## 感性を豊かにする壁や天井の工夫

例えば、0歳児の保育室。さまざまな感触が味わえるように、触り心地の違う物をはったり、巧緻性の発達を促すあそびができる物をつけたり、壁の利用法は多様です。

レースやオーガンジーの布で、天がいを作ることはよくあるかもしれません。その天がいの上に、落ち葉などの自然物を置いてみると、床には葉っぱのゆらゆらとした影ができます。窓に、カラーセロファンなどをはれば、色のついた影ができるでしょう。そういった豊かな感性が育まれるような工夫もしてみましょう。

環境への視点13

# 子どもの思いを大切に

保育は大人の願いだけではなく、子どもの思いも受け入れて、ともにつくっていくものです。
子どもが散歩などで拾ってきたモノに対する思いも、大事にしましょう。

POINT 1

## 子どもの思いと大人の思惑

20年近くも前のことです。ひな祭りのころ、玄関前のロビーに7段飾りのひな人形を飾っていて、子どもたちがよくそれを見に来ていました。昔は、ひな祭りが近くなると、ひな人形を作るという活動があって、同じような素材で、同じような物を作らせていました。それが、「自分なりに、自由になんでも作っていいよ」という雰囲気になってきたころです。4歳児の男の子が牛車を作り出したのです。保育者は、ひな祭りというと、段飾りの一番上にあるおだいりさまやおひなさまと思いがちですが、その子は一番下の段に飾ってある牛車に関心をもっていたのです。子どもによって、同じひな飾りを見ていても、感じ方や興味のもちどころはさまざまであると感じた出来事でした。

POINT 2

## 道ばたに落ちている石も、その子にとっては大事な思いが詰まっている

同じころ、3・4・5歳児クラスの女の子が、午前中に散歩に行って、10cmほどの三角おにぎりのような形の石を拾って帰ってきました。以前だったら、「そんなゴロゴロした石は捨てなさい」と言っていたかもしれません。しかし、石のことにはふれないで見ていると、午睡後に「絵の具を出して」と言います。何をするのかと思いながらそのままにしていたら、石に色を塗り出しました。「できた！」という物を見てみると、ひな人形だったのです。その子にとっては、道ばたに落ちていた石が、はじめからひな人形に見えていたのでしょう。
大人にとって価値のないモノに見えても、子どもにとっては、思いの詰まったモノのこともあると、大いに反省させられました。

POINT 3

## 子どもの拾って来たモノをディスプレイ

そうやって、子どもたちに気づかされることも多く、子どもが外で拾ってきたモノは、保育室の入り口近くの棚の上などに場所を作り、その子の名前を付けて置いておくようにしました。大人から見たら、ただの葉っぱや石ころでも、子どもにはさまざまな思いの詰まった「宝物」の場合があるのです。それを保育室に持ち込むのは汚い、保育に関係ないと否定してしまうと、その子の心はしぼんでしまいます。

もちろん、保育室に持ち込むには、「どうかな？」と思われるようなモノもありますが、そこは一つ一つ子どもと対話をして、解決していけばよいように思います。

保育者が環境や素材を用意して、「はい！　あそびなさい」というのではなく、子どもの思いも尊重して、ともに環境をつくっていくことがとても大事です。

POINT 4

## 保護者も、子どもの活動や思いを垣間見られるように

子どもたちの拾ってきたモノを保育室の入り口近くにディスプレイしているのは、衛生的な面もありますし、外から持ち込んだモノをすべて保育室の奥まで持って行かずに、いったん子ども自身が思いを整理してからあそびに入るという側面もあります。また、お迎えに来た保護者にも、子どもたちがどんな物を「自分の宝物」と思っているか、どんなことに興味をもっているか、見てもらいたいという思いもあります。そこから、保護者と子ども、保護者と保育者の対話が生まれることもあります。

環境への視点14

# 地域・保護者とつながる

72〜73ページで、子どもの疑問に対する答えは、保育室の中だけにはないという話をしました。それには、保護者や地域とつながることが大切です。保護者や地域とつながることは、子どもにとって、どのような影響があるのでしょうか。

POINT 1

## 保護者との協同

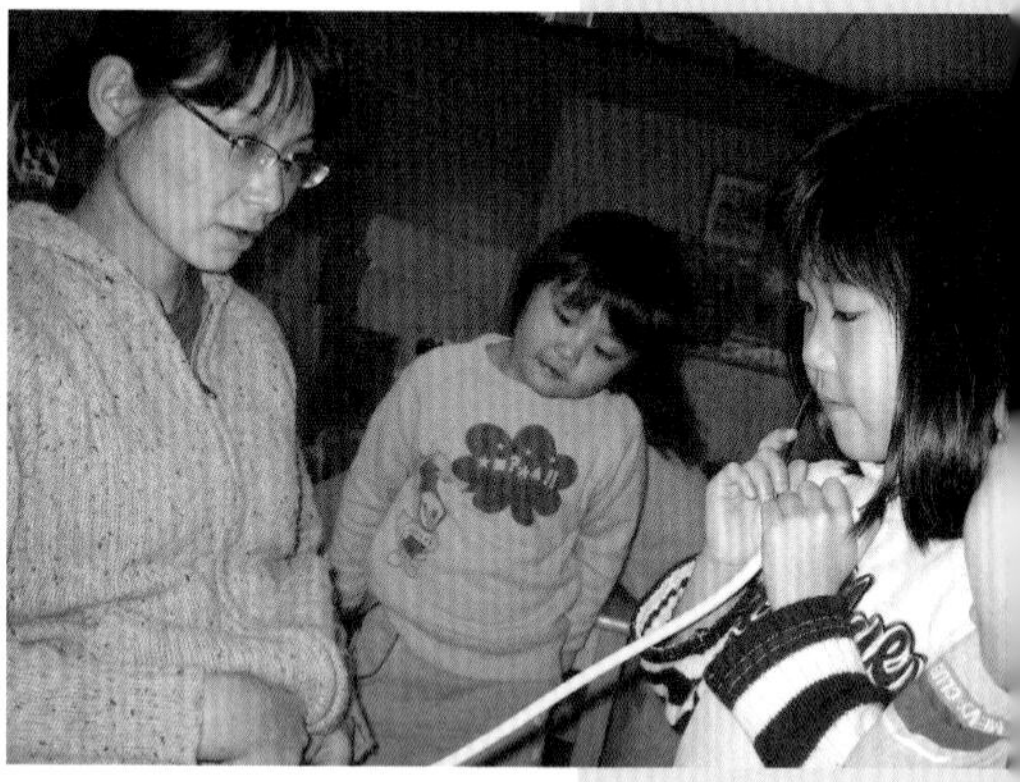

園にとって、保護者はいちばん身近な地域の一員です。園としては、子どもの興味や学び、生活の姿をプロセスとともに伝え、保護者と園が同じ子ども観をもつことが、とても大事だと考えています。そのために、ドキュメンテーションを掲示するなどして、日々の保育の情報を提供しています。

例えば、保育者の一人が妊娠したことをきっかけに、子どもたちが赤ちゃんの生まれてくることに興味をもったことがありました。助産師だった保護者がドキュメンテーションを通してそれを知り、大学病院の医師と協力し、胎児超音波ドップラーを持って来て、子どもたちや胎児の心臓の音を聞かせてくれました。そこから、骨や筋肉など、体の仕組みに興味をもつようになった子ども、心臓の音を絵や言葉で表現しはじめた子どもなど、活動が思いがけなく豊かに広がっていきました。

子どもたちが匂いに興味をもったときも、アロマテラピーの資格をもつ保護者が協力して、匂いについて教えに来てくれました。園の保育を知ることで、自分も保育に参加したいと思ってくれる保護者も多いものです。

POINT 2

## 保護者も得意なことを生かす

仁慈保幼園では、保護者の参加をさらに積極的に募っています。園を「子どもを預けられる場所」としてだけでなく、保護者同士もつながったり、楽しんだりしてほしいと願うからです。保護者に趣味や特技、「やったことはないけれど、やってみたいこと」などのアンケートを取りました。その結果、スポーツが好きな保護者同士でサークルを作ったり、バレエ教師が子どもの前で踊ってくれたり、写真家の保護者が「やってみたかった」と、子どもが保護者を撮る会を企画してくれたりなど、さまざまな活動が広がっています。

保護者の楽しんでいる姿を見たり、ホンモノにふれたりというすべてが、子どもの経験を豊かにしてくれています。

POINT 3

## 地域担当を置く

世田谷代田仁慈保幼園では、フリーの保育者2人が、地域と園をつなぐ役割を兼任しています。地域担当は、保護者も含めた地域の人と、ワークショップだったりイベントをしたりするときの企画運営をします。ワークショップなどのお知らせを作ったり、広報誌を発行したりもしています。地域担当を置くことで、地域との活動の情報が集約されるので、クラス担任ともスムーズに連携することができます。

POINT 4

## さまざまな年代や仕事のヒトを知る

地域や社会とつながることは、つながっただけで終わりではありません。やはり、それがどのように園の子どもたちに還元されているかが大事です。ですから、保護者や地域の人とのワークショップなども、その活動が子どもたちの経験をどう豊かにするか、経験があそびに反映されるかということを考えています。

園にいるだけでは出あえない、さまざまな年代や職業・専門性をもったヒトに出あって、地域のお店に知りたいことを教えてもらいに行けるような関係性ができるということは、地域文化を継承したり、育てていったりすることにもつながるのではないでしょうか。

POINT 5

## 地域に見守られる環境づくり

いくら塀を高くしても、入ろうと思う人がいれば、よじ登ったりして侵入されてしまいます。逆にある程度園を開いて、見えていたり、隠れるところがなかったりするほうが、人は入りにくくなります。ですから、世田谷代田仁慈保幼園では、ガラス張りで外から中の様子が見える「ギャラリー」を設置し、積み木の造形物や絵などを展示して、あえて「園とはこういうところ」ということがわかるようにしています。日によって、ギャラリーを夜もライトアップしているので、定期的に一般の人が見学できる機会に、「気になっていた」と見に来てくれる近隣の人たちがいます。地域の人が園や子どもの様子を知って、見守ってくれる環境が作れるといいなと考えています。

POINT 7

## 3か月続くアート月間

世田谷代田仁慈保幼園では、10～12月くらいの3か月間を「仁慈藝術祭～Jinji Art Annuale」と題し、アート月間のように位置づけて、保育者や保護者がさまざまな催しをします。例えば、保護者でもある歴史学者のお話会や展示、手芸や陶芸、写真など、保護者や保育者の趣味や特技の展示は、地域の人にも開放しています。園が少しずつでも、地域の文化の担い手になっていければと考えています。

POINT 6

## 子どもの学びを豊かにするために

世田谷代田仁慈保幼園には多目的に使えるコミュニティスペースがあって、園の行事や保育で使うことはもちろん、地域の人と協働した企画に使ったり、地域の人に貸し出すこともあります。コミュニティスペースを使ってもらう場合は、子どもにとってその活動が新しい経験や学びにつながることが条件です。例えば、地域の劇団が練習をしたいというとき、子どもたちに演劇のワークショップをしてもらったり、練習を公開してもらいます。また、近隣に住むプロのバイオリン奏者には、「感情と音」というテーマで、ワークショップをしてもらいました。いちばんは、その活動が子どもたちの糧となり、創造するモチベーションになることだと思っています。

# 第4章

# 学びにつながる環境構成Q&A

仁慈保幼園に寄せられる疑問や質問に、
具体的な事例を挙げて回答。
環境に対する思いや独自の哲学が、より深く語られています。
自園で環境構成を考えていく上での一助になるかもしれません。

## Q 一度作った保育室の環境。何度も変えないといけませんか？

## A 環境構成は、子どもの姿から臨機応変に

どこの園でも、4月にはそのクラスの子どもたちの発達や特性を踏まえ、職員間で相談しながら、環境構成を考えていくと思います。しかし、4月当初はまだ子どもの姿がよくわからずに、大人の思いだけで環境を構成しがちです。そうすると、子どもがうまくあそべないということも起こりえます。環境構成が子どもたちの「今の姿」に合っているかどうかを、常に見直す視点をもつことが大事ではないでしょうか。

それには、子どもと一緒にあそんでみて、その子が何に興味をもっているかを深く知り、子どもの思いをくみ取ること。そして、職員間で話し合い、子どものやりたいことを予測して、環境構成を変えていくことが必要なのではないかと思っています。

環境構成を変えるといっても、すべての環境構成を一度に変えるというわけではありません。例えば、製作が盛んになれば、製作コーナーを少し広くするとか、素材を増やすとかということもあります。また、子どもたちの中で新しくあそびが生まれれば、そのコーナーを新設することもあるでしょう。「〇か月に一度、環境構成を見直す」と決めるのではなく、子どもの姿に合わせて柔軟に対応していきたいですね。

仁慈保幼園の3・4・5歳児は、異年齢保育なので、あえて4月に大幅に環境を変えません。新しくクラスに入ってきた3歳児が環境に慣れ、4・5歳児もメンバーが替わったことになじんで、安心して活動できるようになった5月ごろ、子どもたちの様子を見ながら、少しずつ環境を変えていきます。

## Q 「子ども主体の保育」を目指すうえでの環境のポイントは？

## A 保育者も主体的に。子どもより少し経験の多いヒトとしてかかわる

まずは、保育者が「主体的・主体性」を、「自主的・自主性」と違うものだとはっきり認識することが大事です。「自主的・自主性」は、ルールややるべきことが決められていて、それを考え、こなしていくこと。一方、「主体的・主体性」というのは、自分の経験の中から、次を想像し、自ら考えて行動することです。つまり、試行錯誤しながら、あそびの中で経験を積んでいき、〝学び方を学ぶ〟ものなのです。

子ども主体の保育を考えるには、大人も主体的でなければなりません。

加えて、安全であったり、落ち着いた空間であったりすることが第一ですが、いい意味で既成概念をもたずに柔軟に対応していくことが大切でしょう。例えば、保育室はこうでなくてはならないという既成概念は捨てて、子どもの興味・関心があることなら、今まで保育室には置いてこなかったような物を置いてみるということがあってもいいと思います。

「環境構成をしたから、さあどうぞ、あそんでください」というのではなく、子どもの興味が発展したら、保育者も子どもが興味をもっている対象について学び、さらに深い学びを得られるような環境を構成することが大切です。ただ環境を用意しただけでは、あそび方がわからないという子がいるかもしれません。保育者は、子どもたちより少しだけ経験の多い同じヒトという立場で、子どもに寄り添ってあそびながら、一緒にどんなコーナーや素材があればよいかを考えていけば、自然と自分の頭で考え、主体的に動ける子どもになっていくのではないでしょうか。

## Q クラス全員で一緒に同じことをしないと、協同性が育たないのでは？

## A 子どもが落ち着いてあそび込める集団でこそ、協同性は育つ

「クラス全員」にこだわる声をよく聞きますが、忘れてはならないことは、地域によって「全員」の数が大きく違うことです。子どもの少ない地域では1クラスが5～6人、多い地域では1クラスで30人ほどの子どもが生活しています。5～6人なら一緒にあそぶのに支障はないかもしれませんが、30人全員が一斉に同じことをするのは、子どもにとっても大人にとっても負担ではないでしょうか。

自発的な集団ができるとき、その集団の人数は年齢に比例すると言われています。1歳なら一人あそび、2歳なら2人ほどで平行あそび、5歳児になったら自分も含めて5～6人くらいまでの人とかかわりながらあそべるということです。大人になっても、親しくかかわれるのは5～6人くらいの集団ではないかと思っています。実際、ワークショップなどで、ディスカッションをするときのグループは、5～6人ですよね。

他者と折り合いをつけながら、ともに生活することが「社会」の基本です。誰かとかかわれるということは、すでに社会性や協同する力があるということです。人数の多さではなく、他人と関係性が作れるということが大切なのです。乳幼児期には、自分と違う考え方や行動をする他者がいて、その他者と折り合いをつけていく大切さを、しっかり学んでいくことが大事なのではないでしょうか。「クラス全員で」という前に、子どもが落ち着いてあそび込める集団、人的環境という視点で考えていきましょう。

## Q　子どものやりたいことは、一人一人違います。どうやって、いくつかのコーナーにしぼっていますか？

## A　基本を押さえながら、子どもの姿に寄り添う環境を作っています

あくまでも、その年齢の発達や、発達を後押しするあそびを押さえ、環境構成の中に落とし込むことが基本です。例えば、2歳児だったら語彙が増えてきたり、指先の巧緻性が増してきたりする時期なので、言葉のおもしろさを知るための絵本コーナーだったり、積み木や簡単なブロック、パズルなど、構成あそびのコーナーを作ることも多いでしょう。

　その上で、そのクラスの子どもたちがどういったモノに興味をもって深めようとしているかを、保育ウェブなどで可視化して拾っていきます。そうすると、全員が全員まったく違うことに興味をもっているわけではなくて、いくつかに興味が分類できます。そうして、車に興味をもっている子がいれば絵本のコーナーに車の本を足したり、電車に興味をもっている子がいれば構成あそびのコーナーの床にカラーテープで線路をかいたりと、子どもの姿に寄り添うよう環境を構成していきます。子どもたちの間で積み木あそびが人気なら、積み木の数を増やしたり、コーナーを広げたりという量や空間を考えることも大切です。

　また、見えてきた子どもの姿をもとに五感をもっと使ってほしいと思えば、感触や匂いを楽しめるコーナーを作るなど、保育者の願いを込めた場所を作ることもあります。

　保育室の広さにもよりますが、年齢によって押さえておきたい要素がいくつかあるので、だいたいのクラスで5〜6か所のコーナーを作っています。

# Q 子どもがしたいという環境を用意しても、あそびが発展していきません。どうすれば、あそびが広がりますか？

## A 子どもの姿の把握と人的環境が大切

物的環境を用意してもあそびが発展しない要因は、いくつか考えられます。

まず、子どもの姿をしっかりとらえているかということ。もう一度記録などから振り返り、ほんとうに今の子どもの姿に適した環境構成なのかを検証してみましょう。

動線やコーナーをどこに配置するかも重要です。絵本コーナーは、静かな場所で絵本を読むと同時に、くつろげるスペースでもあるので、入り口近くの人通りの多い場所には構成しませんよね。ままごとコーナーの隣に人形のお世話コーナーを作ると、あそびが発展していくこともあります。そのように、クラス全体を俯瞰的に見て、環境構成をしていく必要があります。

そして、いちばん大事なのは、物的環境を構成して、それで終わりではないということです。おもちゃを置いておいて、「はい、あそびなさい」と言われても、多くの子どもがそのコーナーに飛びつくわけではありません。保育者があそんで見せることで、子どもが興味をもつこともあります。また、保育者が一緒にあそぶことで、子どもがあそび方をより深く知ることもあります。子どもが困っているときに一緒にほかのやり方を考えたり、探究できるような言葉かけをしたり、子どもがあそびに夢中になってきたら見守ったり……。臨機応変に保育者が子どもにかかわっていくことが大切です。保育の専門性をもった人的環境がとても大事なのです。

子どものあそびが発展していかない、子どもがその環境構成であそばないというのは、子どものせいではなく、あくまでも保育者の環境構成や子どもへの向き合い方の問題だと考えましょう。

## Q 好きなことばかりをしていたら、それ以外のことができなくならないですか？

## A それぞれが質の高い経験をして、達成感を得ることが大事

例えば、絵画。園で飼っているウサギを、子どもたちに「さあ、かきましょう」と一斉にかかせたとします。かくことに興味のある子どもは、喜んでかくでしょう。でも、中にはもっとウサギを観察して、表現したい気持ちが内側からあふれてくるのを待っている子がいるかもしれません。また、ボールあそびがしたい子は、さっさと絵をかき終わらせて、「できたから外であそんでいい？」と言うかもしれません。自分から絵をかきたいと取り組む子と、次のあそびをしたいから早くこの時間を終わらせたいという子では、経験の質がまったく違ってきます。

一斉にではなく、製作コーナーでの取り組みなら、保育者としても絵をかきたいと思っている数人の子どもに、丁寧にかかわることができます。ウサギを見ることに満足した子は、後からみんなが絵をかいているコーナーに来て、仲間に加わるかもしれません。製作コーナーの環境がいつも用意されていれば、十分にボールあそびをした子も、ほかの時間に絵をかいてみたくなるかもしれません。

極端に言えば、いくつかあるコーナーの中で、自分がやってみたい、楽しいと思うあそびが見つかれば、よいのではないでしょうか。ヒトはだれにでも、得手不得手があります。すべてができるようになることが大切なのではなくて、得意なことを伸ばすことの大切さへと、見方を変えることも必要なのではないかと感じています。乳幼児期に大切なのは、さまざまなコトに出あって達成感を得られる環境が保障されていることだと思います。

# Q クラス全体ですることに入らない子がいます。そういう子の主体性も尊重したほうがよいですか？

# A 一人一人の子どもの姿をよく見て、参加したくない訳を探り、個別に解決

子ども一人一人に、考えや思いがあります。その子がみんなとの活動に入らないとしたら、何がなんでも参加させようとするのではなく、まずはその子をよく見て、どうして参加したくないのかを探ってみましょう。86～87ページにも書いたように、体は参加していなくても心は動いている「周辺的な参加」をしているのかもしれません。単に、その活動に興味が薄いのかもしれません。あるいは、発達的な問題があることも考えられます。

ほかにも子どもが活動に参加しない理由は、人的な環境が大きいのかもしれません。その理由が、何をするか明確にわからないことへの不安だとしたら、事前にくわしい説明をして、不安を和らげる必要があるでしょう。

また、お店屋さんごっこという一つのことをするにも、それぞれの子がまったく同じことをする必要はありません。その子の興味・関心がありそうなことを見つけて誘う言葉かけをするということもあるでしょう。お店屋さんごっこと言っても、商品を作る人、作った商品を売る人、看板を書く人など、さまざまな役割があります。保育者がよきファシリテーターとなって、一つのお店屋さんごっこを発展させる方法もあるでしょう。

それは、運動あそびやリトミックでも同じようなことが言えます。みんなで一緒に同じ運動をしなくても、興味のある子が取り組めばよいのではないでしょうか。それだと運動量が少なくなってしまう子がいると思われるかもしれません。しかし、高低差のある自然の中で、チョウチョウを追いかけたり、鬼ごっこをしたりしてあそぶほうが、運動量も多く、バランスのよい動きができるようになるという研究報告もあります。

74～75ページで仁慈保幼園には、朝夕の集まりがあることを書きました。集まりでは、クラス全員が揃います。そこで話すことは自分たちのしているあそびや、自分が興味をもっていて、「なぜだろう？」と思うことなど、子どもが深い関心をもっていることなので、主体的に参加する姿が見られます。興味があることなら、全員が参加したいと思うこともあるはずです。

## Q　あそびの中で、コーナー同士の物が混ざってしまうのはどうすればいいでしょう？

## A　発展的あそびかを見極める

確かに保育室に物があふれ、ぐしゃぐしゃになってしまうのは、保育者の悩みの種ですよね。

コーナー同士の物が混ざる場合、２つの要因が考えられます。一つ目は、子どもが想像力を巡らせて、「あれとこれをつなげたら、おもしろいんじゃないか？」と考えるとき。例えば、ある集団がままごとをしている。もう一つの集団が製作コーナーであそんでいる。製作している子どもたちが、「食べ物を作ったよ」「食器を作ったよ」と、製作物をままごとコーナーに持ち込むことはよくあることです。そこから、お店屋さんごっこなどに発展していくこともあるでしょう。持ち込んだ製作物を置く場所をままごとコーナーに作り、いつでも見られるようにしておくと、さらに、あそびが発展するかもしれません。ときには、両方のコーナーを合体するのも一つの考えです。

二つ目は、子どもがただぐしゃぐしゃにするのがあそびになっている場合。「これ、どうするの？ みんなもあそぶから片付けてね」と、声をかけてみると、実は子どもには、なんらかの意図がある場合もあります。そういうときは、子どもたちと対話をして、そこに意図があるかどうかを見極めることが大切です。意図があるなら、コーナー同士の道具や素材を混ぜるのも、むしろ子どものあそびが発展していると喜ぶべきでしょう。

ときには、自分の興味・関心が見つからずに、ただおもちゃを持ってさまよい、おもちゃを別の場所に置きっぱなしにする子がいます。そういう子こそ、しっかりフォローして楽しめるあそびを一緒に探すことが大切です。

## Q 子どもが主体になると、昼食時間も子どもの自由になるのでしょうか？

## A みんなで楽しく食事をするのが、保育者の願い

仁慈保幼園でのあそびは子ども主体ですが、保育者にも、みんなで一緒に楽しく食事をしてほしいという願いはあります。園に在籍しているうちに、あそびは自由でも、社会人としての基本的生活習慣は押さえてほしいと考えています。

とはいえ無理強いはしません。あそびの途中が気になる子には、88～89ページでも述べたように、あそびの続きを保障することで、子どもたちがすんなり気持ちを切り替えられることも多いものです。

また、仁慈保幼園での昼食の時間は、あらかじめ5～6人ごとに異年齢グループになっていて、毎回グループが同じ席に着きます。グループ全員が席に着かないと、「いただきます」と食事が始まらないルールです。ときに3歳児が気持ちをうまく切り替えられない場合、「○○ちゃんが来ないと、みんながご飯を食べられないよ」と、5歳児が説得している姿も見られます。そこには、子どもの自治があります。大人が介入するのも一つの手立てではありますが、子ども同士で問題を解決するということもすごく大切なことだと思います。

現在は、保育者が机のセッティングなどをはじめると、子どもたちが自然に昼食の時間だと気がついて、手を洗ったり、配膳の手伝いをはじめたりします。この間、保育者は、子どもにほとんど声をかけません。5歳児が早く席に着くよう3歳児を説得するのも、保育者が昼食の準備を始めると子どもたちが自然な流れで準備を手伝うのも、異年齢クラスで文化が継承され、成熟していっている証だと感じます。

## Q 子ども一人一人をじっくり見る難しさを感じます。どうやって時間を作っているのですか？

## A 子どもが夢中になれる環境を作れば、一人の子と向き合う時間もできる

落ち着いた環境の中で、一人一人が自分の好きなことに夢中になっているとき、保育者が子どもの対応に忙殺されることはそんなに多くありません。いつでも目の端で全体を見守って不測の事態に備えていることは必要です。でも、一つのことに夢中になっている子どもたちは、突発的に予測不能な動きをすることが少ないものです。そうすると、たとえ短い時間でも一人の子どもと向き合う時間ができてきます。

前日までの記録から、「今日はこの子たちの中に入ってあそんでみようかな。じっくりかかわってみようかな」と考えておくと、さらに接するチャンスが増えるかもしれません。また、そのための複数担任でもあります。一人が少し引いて全体を見回し、もう一人が子どもの中に入っていくよう、役割分担をしています。

知り合いがスウェーデンの園へ見学に行ったとき、園長が座ってリンゴをかじりながら、1時間以上も一人の子どもと対話している場面があったそうです。日本でそこまでゆったりした時間を過ごすのは、難しいかもしれません。しかし、子ども一人一人の思いや考えを聞いていくというのは、子ども主体の保育をする上で基本となることだと思います。

ですから、どうやってその時間を作るのか、根本的なところから考えていくことが必要です。保育者個人の問題ではなく、時間や空間、あるいは体制に関係してくるのかもしれません。保育者同士で情報を共有し、対話をし、試行錯誤をしながら、一人一人をじっくりと見られる保育をみんなでつくっていきましょう。

# Q まだ多くを語れない0・1・2歳児の思いを、どうやってくみ取って環境を構成していくのですか？

## A 子どもの姿から、試行錯誤してみる

子どもの表現は、言葉だけではありません。クラスの担任同士で子どもの姿を話し合い、その姿がどういうところから来ているのかを考え、分類していきます。そして、分類した要素を、保育に落とし込んでいきましょう。

例えば、壁を積み木でたたくのをおもしろがる1歳児。壁をたたくのは危なくて困ります。しかし、たたくことに興味があるなら、環境にたたいてあそべる物を取り入れようと考えてみましょう。また、保育者同士で話し合っていると、たたく行為にはさまざまなおもしろさがあることに気がつきます。音を楽しむために太鼓を出してみよう、太鼓だけではなく違う音のする打楽器も置いてみよう。野菜で作ったスタンプを紙にポンポンと打ち付けるのも、違った楽しさがあるのではないか……。たくさんの可能性が見えてきた中に、今の年齢や発達でこんなことを経験してほしいという保育者の願いも加味して、環境を構成していきます。例えば、色彩に関する感性を養い、形のおもしろさを知ってもらいたいと思えば、何色もの絵の具を用意して、野菜スタンプを押せる場を用意します。

ポンポンと押すことを楽しむ野菜スタンプが、色彩への興味に広がっていくかもしれませんし、もしかしたら、野菜や花への関心につながるかもしれません。もちろん、子どもたちが野菜スタンプに興味をもたないことも考えられます。そうしたら、次は別のアプローチをしてみます。保育者も試行錯誤しながら、保育を創造していけばよいのです。

## Q 年間でカリキュラムを決めています。子どもの思いに添ったら、カリキュラムはどうなるのでしょう。

## A カリキュラムは、子どもとともに作っていくもの

保育者には、子どもに「この時期にはこういう育ちをしてほしい」という願いがあります。その願いを書いていくのが年間指導計画や月案だと思っています。でも、あまり詳細に計画を書き込んでしまうと、人の心理としてその通りにしなくてはいけないと思い込んでしまいがちです。例えば、「地域の人とふれあって、社会性を身につける」という保育者の願いがあっても、カリキュラムに「桜餅作りをするために、お店へ聞きに行って、最後は自分たちで作って食べる」などということを書いたら、子どもたちをカリキュラム通りにさせてしまいます。

仁慈保幼園の保育は、ゴールを決めていません。仮に子どもたちが「桜餅を作りたい」と言っていたとしても、途中で興味が違うところへ発展していって、桜そのものについて調べたり、ほかの木の実でお菓子を作ったりすることになるかもしれません。それでも、その経験の途中で、木の実にくわしい地域の人やいろいろな木の実を使っている和菓子屋さんに話を聞いたり、作るところを見せてもらったりする機会があれば、保育者の「地域の人とふれあって、社会性を身につける」という子どもへの願いは、ある程度かなうことになります。ですから、仁慈保幼園のカリキュラムは、「こういう育ちをしてほしい」という緩やかなものにしています。願いをもちつつ、子どもの思いをくみ取りながら、活動は柔軟に変化させていきます。

カリキュラムは保育者だけが作るものではなく、子どもと保育者のキャッチボールで出来上がっていくものです。ゴールよりも経験する過程が大事であり、過程の質を上げていくことが保育の質を上げていくことにつながるのだと思っています。

# あとがき

20年前、園長になりたてのころ、仁慈保幼園は学年別の一斉保育で、保育室にはピアノとテーブルといすしかなく、ガラーンとしていました。子どもがあそぶおもちゃと言えば、保護者などから寄付をされた物くらい。

当時の私は、環境構成と言われてもピンときませんでした。それでも、あそび込める物のないこの環境はまずいと感じていました。まずは、事務費ばかりが膨らみ、保育材料などを購入するための事業費がないことから、園の財政を見直し、子どもに使えるお金を増やすことから始めました。とはいえ、資金は限られています。

「コーナー保育」ということが言われ出したころで、仁慈保幼園でも保育室に発達別のコーナーを作り、少人数であそび込める環境を作ることから始めました。外国製の木のおもちゃがいいと聞き、一度には買えないので、毎年コツコツとそういうおもちゃを増やしていきました。コーナーの仕切りなどまで回す資金がなかったので、自費でホームセンターの材料を購入し、組み立てていったのを覚えています。子どもたちが居心地のよいと思える空間やあそび込める環境を作ろうと考えていたのです。そうすれば、子どもは育っていくものだと考えていました。しかし、これでいいのか？発達を促し、子どもたちをヒトとして育てるにはどうしたらよいのかという疑問は常にくすぶり続けていました。

当時は、保育者など、子どもを取り巻く人々も環境だと言

うと、「人を環境に含めるなんて、けしからん」と、怒る人もいました。でも、1年もすると、物的な環境構成だけをしても、子どもは育たないということを感じるようになりました。子どもの気持ちに寄り添って、試行錯誤や探究を一緒に楽しめる保育者がいることで、子どもたちはより深く探究し、経験を積んでいけるのです。

子どもたちを取り巻く人々が働きかけることで、子どもたちは人間的に大きく育っていきます。また、10年くらい前から、子どもたちの問いの答えは、保育室の中だけにあるわけではないとも思うようになりました。社会や自然、地域や文化、そういった社会的な環境にも子どもたちは影響されて育っていきます。今は、広い視点で環境をとらえ直し、総合的に一人一人の子どもを社会の中で生きていけるヒトとして育んでいくことが大切だと考えています。

当たり前だと言われていたことを疑い、既成概念を問い直すことから仁慈保幼園の保育は始まりました。大人が子どもにこうなってほしいという願いは必要ですが、ポイントを押さえていけば、こうしなければならないという保育はありません。今後も試行錯誤を重ねながら、子どもたちにとっての最善の育ちを探究していきたいと考えています。本書が、これからの保育を考えていく人々の一助になれば幸いです。

最後になりましたが、帯にお言葉をいただき、動画にも出演していただいた白梅学園大学名誉教授の無藤隆先生に、感謝をお伝えしたいと思います。

社会福祉法人 仁慈保幼園理事長
妹尾正教

jinji

著　者：社会福祉法人 仁慈保幼園

理事長　妹尾正教

**仁慈保幼園**

園長：舩越郁子

奥田沙耶　奥永未来　落合勇治
中本早苗　松尾 賢　宮本佳子

**多摩川保育園**

園長：相川はる美

小倉颯月　古城結那　関口美穂
瀧川芳樹　田中里佳　二宮陽弦
平賀寧々　松下紫帆　松田ひとみ
水間由佳　宮川盾夫

**世田谷仁慈保幼園**

園長：宮口優香

海野瑞葉　落合ゆう　尾幡法子
堀内千奈　望月 舞　山本果林

**世田谷代田仁慈保幼園**

園長：森永佳奈子

石田真結　佃 詩織

法人ロゴマークデザイン：根本京子

写真：社会福祉法人 仁慈保幼園
　　　亀井宏昭

**スタッフ**

編集制作：小杉眞紀
カバー・本文デザイン：政成映美
校閲：草樹社